## 5回で折れる！
# おりがみ壁面 12か月

いまい みさ

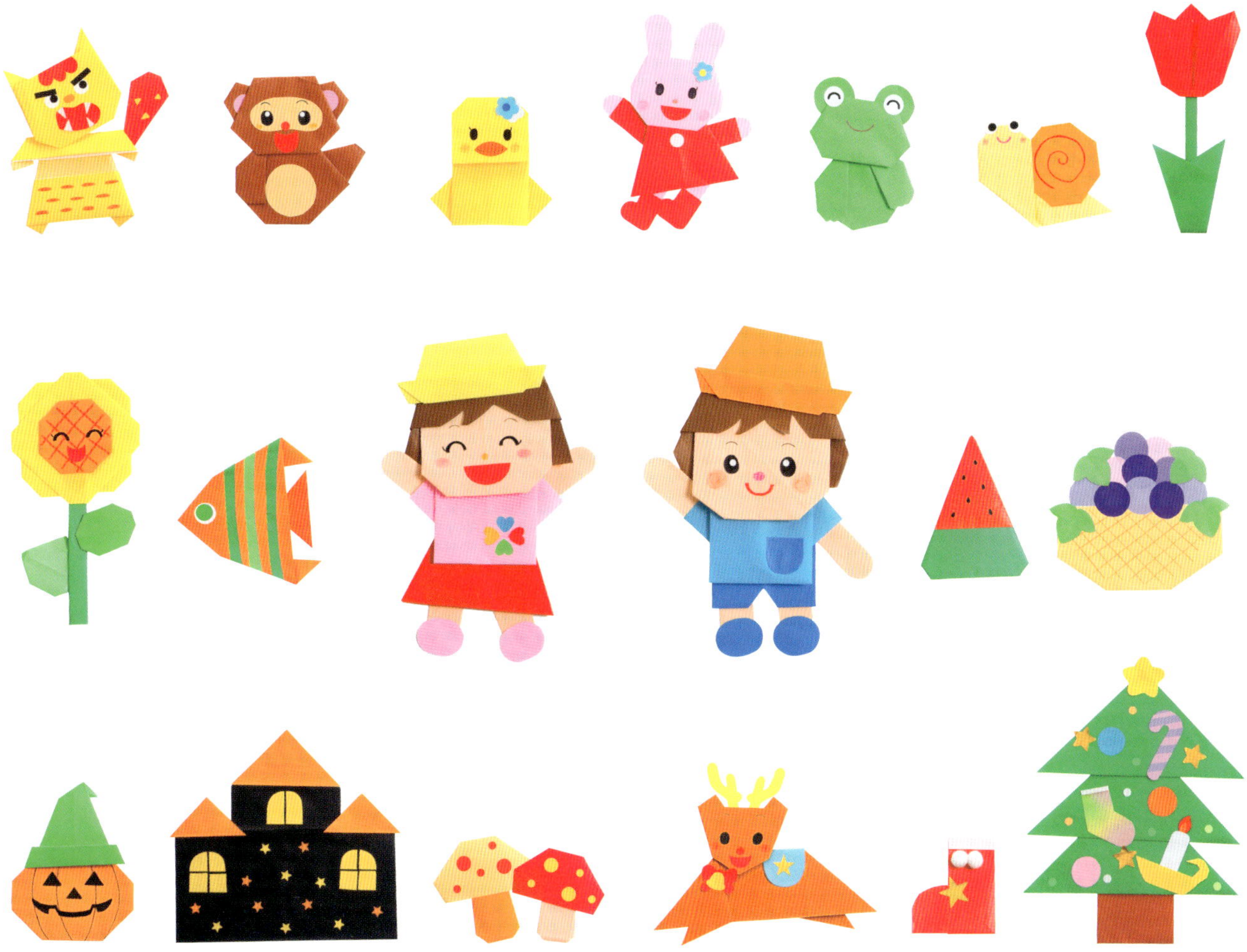

チャイルド本社

## もくじ

人と動物の基本の折り方……………………………………… 4
　　人の顔ＡＢＣ／髪／着物・洋服／動物の体／動物の顔ＡＢ

**4月** 桜並木を通って行こう……………………………………… 14
　　チューリップのお庭でかくれんぼ…………………………… 18

**5月** 屋根より高いよ こいのぼり ……………………………… 20
　　いちごがた〜くさん♪………………………………………… 22

**6月** 虹を渡ってお出かけ…………………………………………… 24
　　　２種類のかえる……………………………………………… 27
　　きれいなあじさい見つけたよ………………………………… 28

**7月** 七夕の夜に願いを込めて……………………………………… 30
　　いろんな色のあさがおが咲いたよ…………………………… 32

**8月** おいしいすいか いただきま〜す …………………………… 34
　　人魚の国へようこそ…………………………………………… 38
　　ひまわり畑でやっほ〜………………………………………… 42

| 9月 | みんなでお月見 楽しいね♪ | 44 |
|---|---|---|
| | 同じ折り方でできる作品 | 47 |
| | つやつやぶどう おいしそう！ | 48 |
| 10月 | 赤組白組どちらもがんばれ〜！ | 50 |
| | ハロウィンの夜 | 54 |
| 11月 | おっきなおいもが掘れちゃった♪ | 58 |
| | 落ち葉のぶらんこ楽しいね | 60 |
| 12月 | サンタクロースがやってきた！ | 64 |
| | 聖夜のカラフルリース | 68 |
| 1月 | 新年おめでとう | 70 |
| | たこたこあがれ！ 天高く！ | 72 |
| 2月 | おにたちをやっつけろ | 74 |
| | 雪だるまさんと遊ぼう | 78 |
| 3月 | おひなさまを飾ったよ | 82 |
| | お花列車がしゅっぱ〜つ | 84 |

# 人と動物の基本の折り方

壁面に登場する人と動物の折り方には、基本のパターンがあります。
ここでは、共通の折り方をしているものをまとめて紹介します。
各月のページと合わせてご覧ください。

## 基本　人の顔A（耳のない折り方）

8月〈ひまわり〉の女の子

### 顔A

① 中心に向かって折る

② 下の角を折る

③ 上下を折る

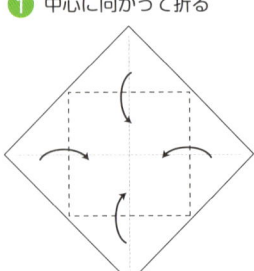

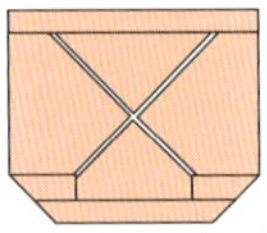

折ったところ

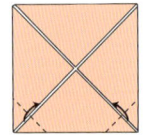

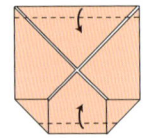

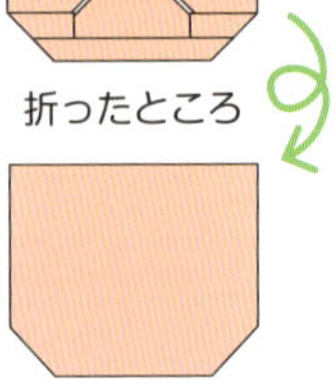

できあがり

#### 顔を描いて

8月〈ひまわり〉の
男の子と女の子に

#### 髪飾りを付けて

1月〈たこあげ〉の
男の子と女の子に

#### 帽子を付けて　　切った折り紙で
　　　　　　　　　ちょんまげを付けて

10月〈ハロウィン〉の　2月〈おに〉の
魔女に　　　　　　　ももたろうに

## Aのアレンジ（Aに耳を付けた折り方）

8月〈人魚〉の
人魚

### 顔Aのアレンジ

① 中心に向かって折る

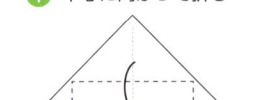

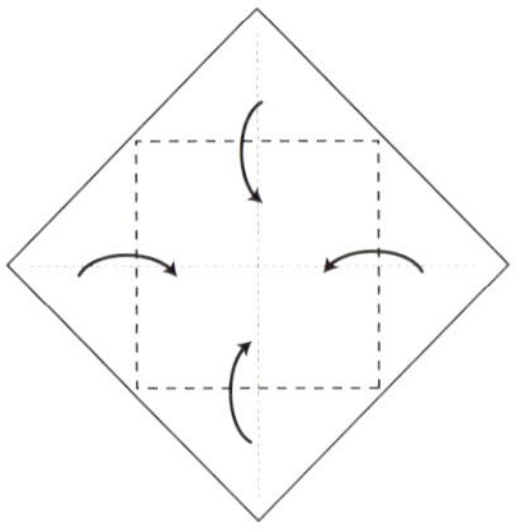

② 両側を折り返す

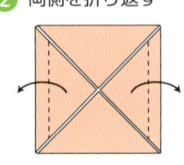

③ 下と横の角を折る

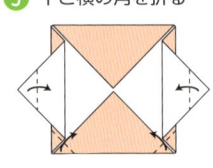

④ 上を折る

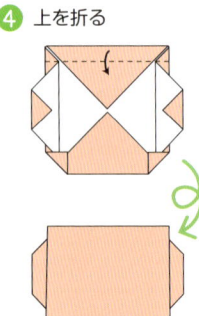

できあがり

#### 長い髪と
#### 髪飾りを付ければ…

8月〈人魚〉の人魚に

---

-------- 谷折り線　　-------- 山折り線　　⤴ 裏返す　　↻ 向きを変える　　➡ 図を拡大する

| 基本 人の顔 B（耳のある折り方） | 基本 髪 |

4月〈桜〉の女の子

## 顔 B

① 中心に向かって折る

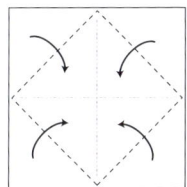

② 角を折る

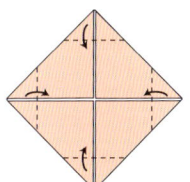

③ 両側を折り返す

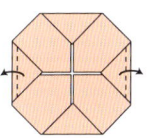

④ 角を折る

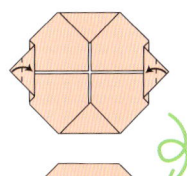

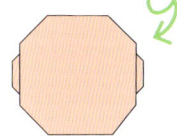

できあがり

＊2月〈おに〉のさるも同様にできます。

**顔を描いて**

4月〈桜〉の男の子と女の子に

**さらに角を折ったり、髪をつけ加えれば…**

5月〈こいのぼり〉の男の子と女の子に

## 髪

① 折る

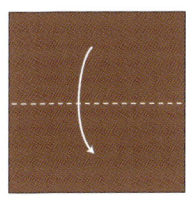

② 折り返す

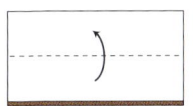

折ったところ

③ 髪の間に顔を入れて両側を斜めに折る

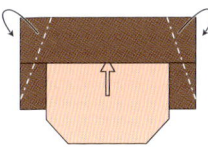

前髪を切って…

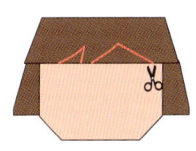

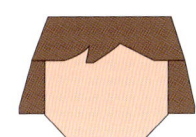

できあがり

## 長い髪

① 2分の1に切った折り紙を半分に折り、もう1枚にかぶせて髪の形に切る

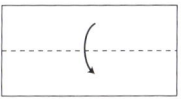

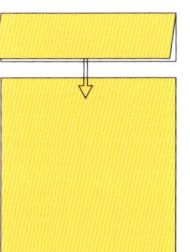

② 顔を差し込んで角を折る

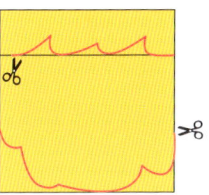

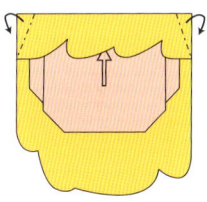

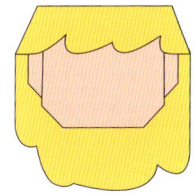

できあがり

**アレンジ**

上と下の角を折って…

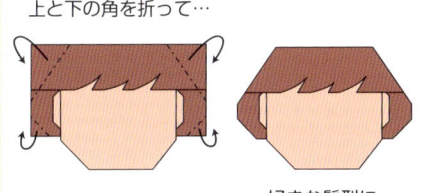

好きな髪型に

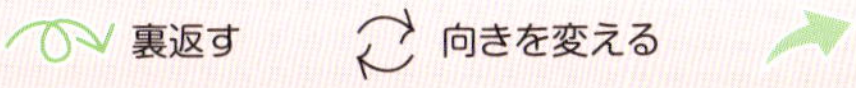

-------- 谷折り線　　-------- 山折り線　　裏返す　　向きを変える　　図を拡大する

## 基本 人の顔C （顔と髪をいっしょに折る折り方）

7月〈七夕〉の
ひこぼしとおりひめ

3月〈おひなさま〉の人形

### 顔C

**①** 2枚重ねて折る

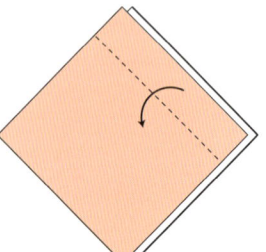

**②** 折る

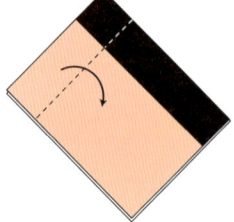

**③** 上を向こう側に折る

**④** 下を向こう側に折る

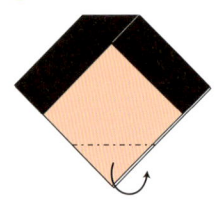

**⑤** 両側を向こう側に折る

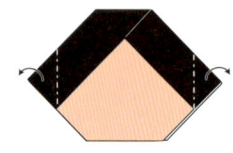

できあがり

**顔を描いて飾りを付けて…**

7月〈七夕〉のひこぼしに

**頭の上に丸く切ったおだんごを載せて…**

7月〈七夕〉のおりひめに

### 顔Cのアレンジ

**④** までは顔Cと同じ

**⑤** 斜めに向こう側に折る

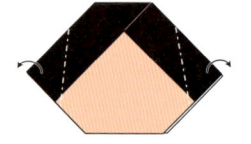
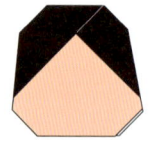

おだいりさまのできあがり

**⑤** 手前に折る

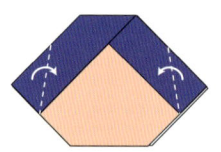
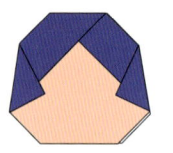

おひなさまと三人官女のできあがり

**顔を描いて飾りを付けて…**

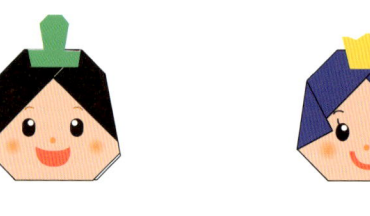

3月〈おひなさま〉の人形に

------- 谷折り線　　------- 山折り線　　裏返す　　向きを変える　　図を拡大する

## 基本 着物

### 着物

❶ 中心を少し空けて折る

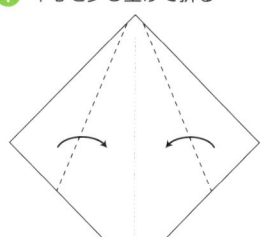

❷ 下を折る

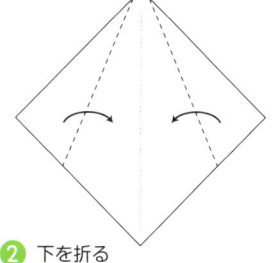

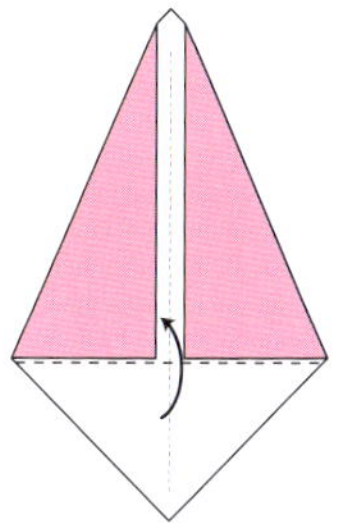

できあがり

### 着物のアレンジ

❶ は着物と同じ

❷ 下を深めに折る

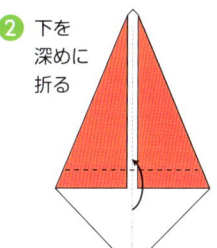

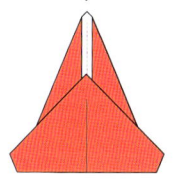

できあがり

羽子板を持たせて

1月〈新年〉のくまに

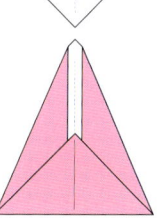

着物に帯を貼って手を折り紙で貼り、顔Cと合わせて…

7月〈七夕〉のひこぼしとおりひめに

顔Cのアレンジにお道具を持たせて…

3月〈おひなさま〉の人形に

## 基本 洋服

### シャツとズボン

❶ 折り紙を2枚重ねて中心を少し空けて折り、2枚に分ける

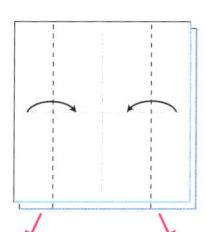

❷ 外側の折り紙を折り開く

❷ 内側の折り紙を半分に折って切り込みを入れる

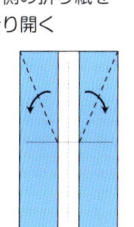 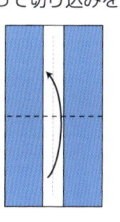

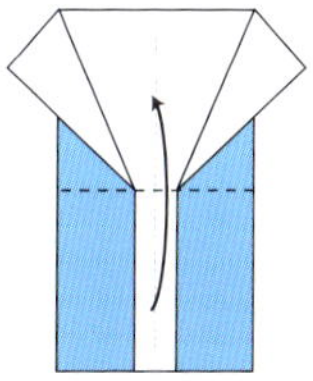

❸ 折る

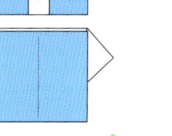 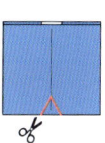

折ったところ

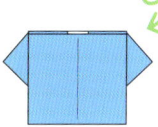 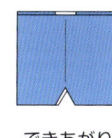

できあがり　できあがり

### スカート

❶ 中心に向かって折る

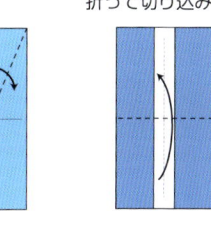

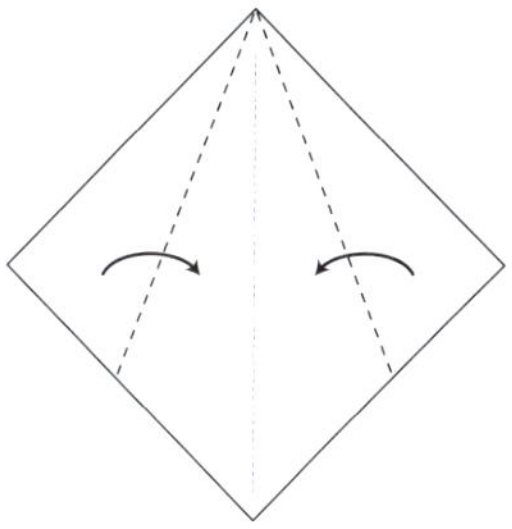

❷ 図のように折る

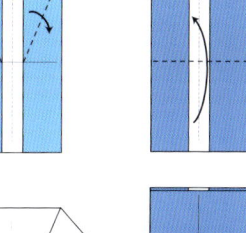

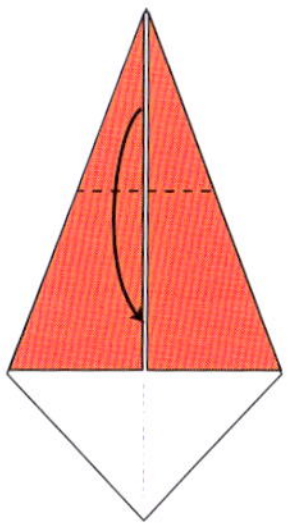

❸ 折る

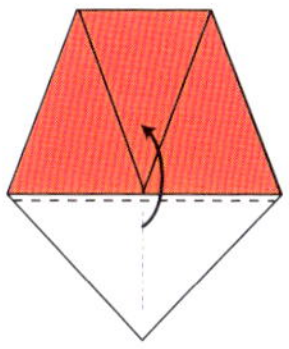

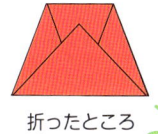

折ったところ

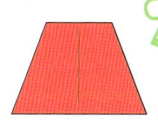

できあがり

上下を組み合わせ、顔やぼうしと合わせて…

8月〈ひまわり〉の男の子と女の子に

--------- 谷折り線　　-------- 山折り線　　↶ 裏返す　　↻ 向きを変える　　➚ 図を拡大する

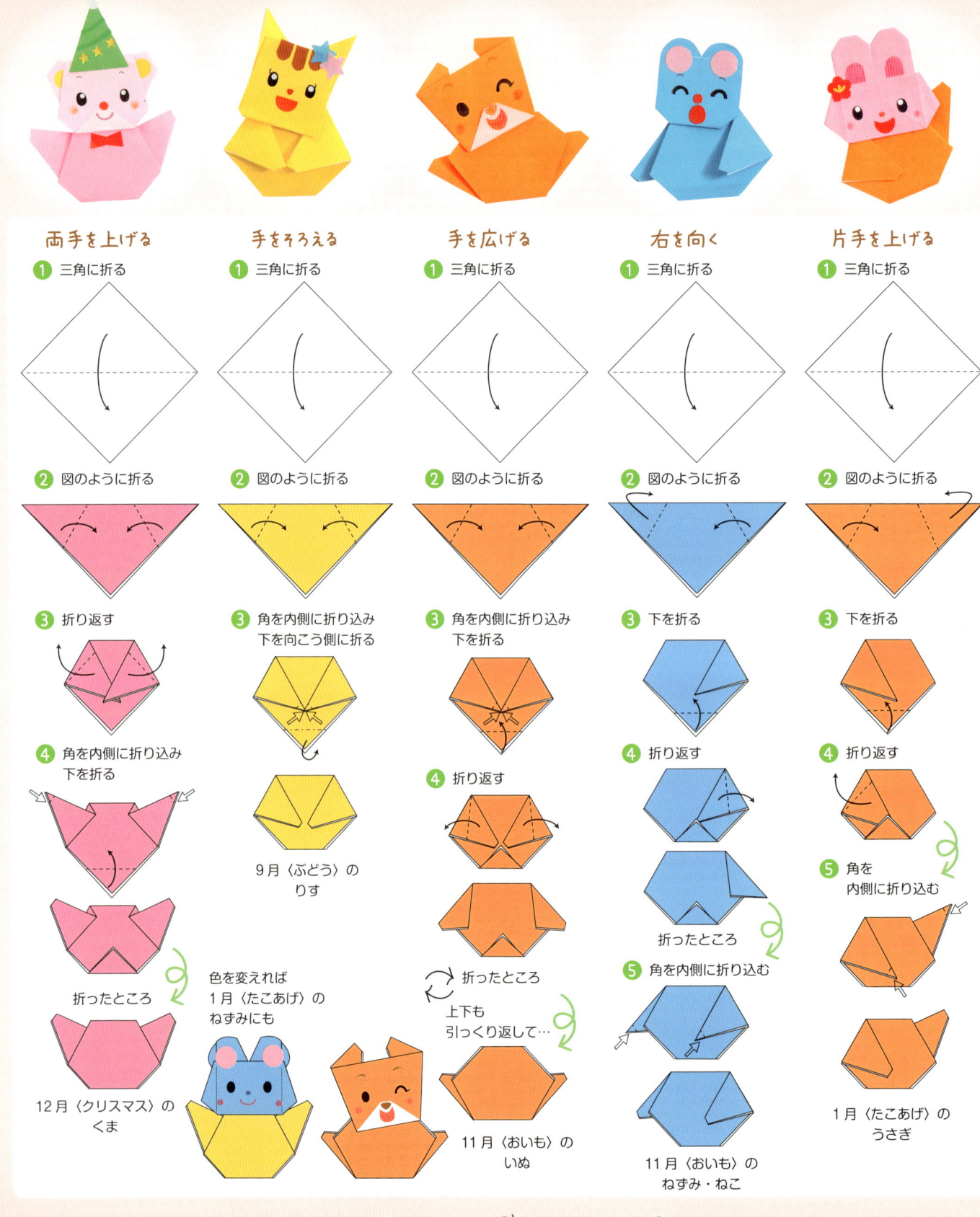

## 基本　動物の顔 A （耳をいっしょに折る折り方）

### きつね

① 三角に折る

② 図のように折る

③ 辺に合わせて折る

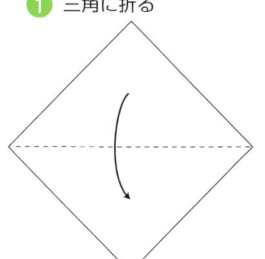
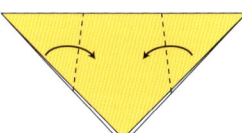

 折ったところ

顔を描いて…

9月〈お月見〉のきつね

### りす

① 三角に折る

② 図のように折る

③ 折り返す

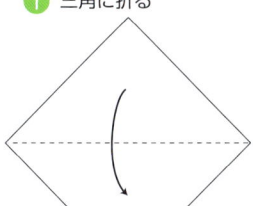
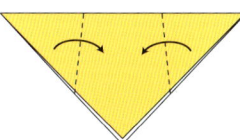
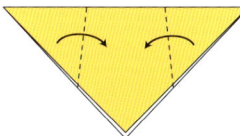

④ 下を折る

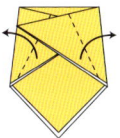
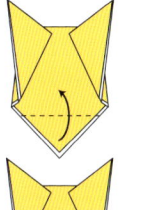

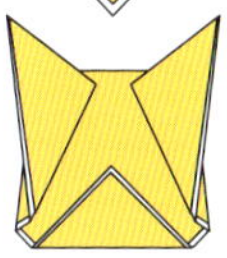

顔を描いて…

9月〈ぶどう〉のりす

### ねこ

① 三角に折る

② 図のように折る

③ 折り返す

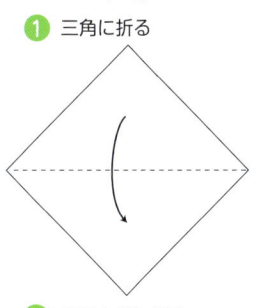
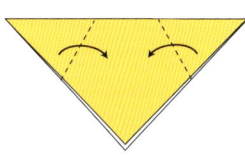

④ 角を折る

**色を替えて…**

4月〈桜〉のりすに

**②でもっと斜めに折ると…**
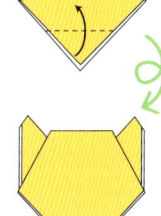

12月〈クリスマス〉のねこに

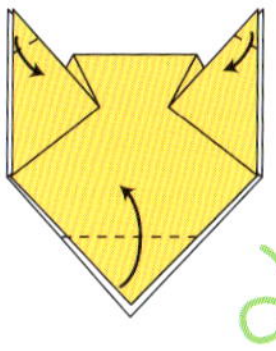

顔を描いて…
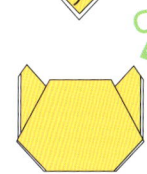

2月〈雪だるま〉のねこ

**④で耳を折らないと…**

11月〈おいも〉のねこに

------- 谷折り線　　……… 山折り線　　↻ 裏返す　　⟲ 向きを変える　　➤ 図を拡大する

## 基本　動物の顔 A （耳をいっしょに折る折り方）

### くま

① 三角に折る
② 図のように折る
③ 折り返す
④ 角を折る
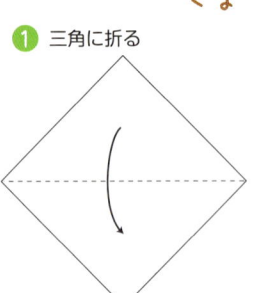
⑤ 図のように下を両側に折る
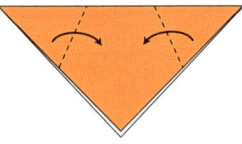
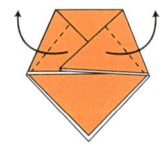
できあがり

顔を描き、飾りを付けて仕上げます。

9月〈ぶどう〉

色を替えて…
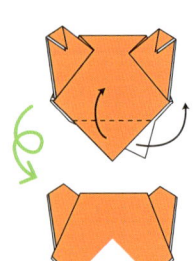
12月〈クリスマス〉
1月〈新年〉 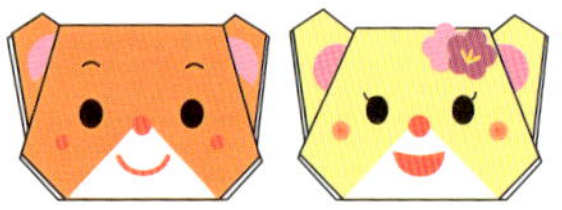

### たぬき

① 三角に折る
② 図のように折る
③ 折り返す
④ 角を折る
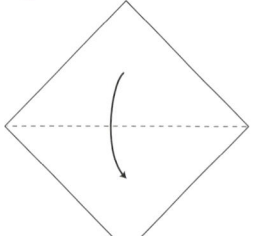
⑤ 下を折る
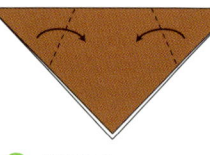
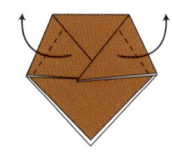
顔を描いて仕上げましょう。

できあがり

9月〈お月見〉

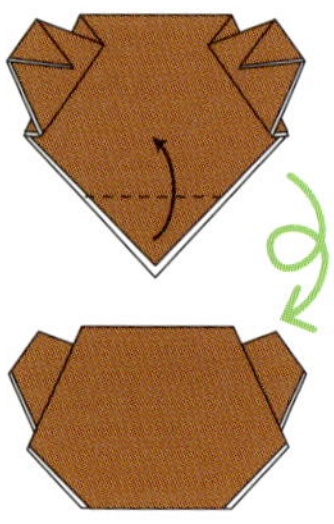

顔の角をもうひと折りすると…
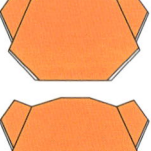
やわらかい輪郭に
やさしい顔の女の子にぴったり！

9月〈お月見〉

### いぬ

① 三角に折る
② 角を内側に折り込む
③ 向こう側に折る
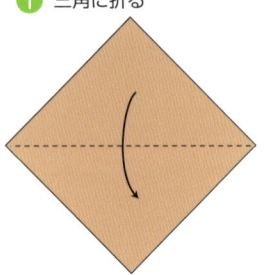
④ 図のように下を両側に折る
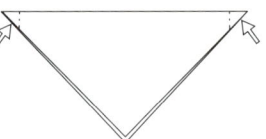
⑤ 角を折る
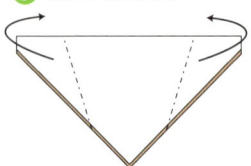
顔を描いて…
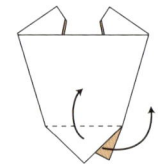
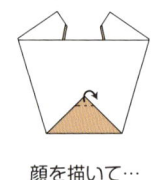
2月〈おに〉

顔の幅を広めに折って…

11月〈おいも〉

------- 谷折り線　　------- 山折り線　　裏返す　　向きを変える　　図を拡大する

基本　動物の顔 A（耳をいっしょに折る折り方）

## うさぎ

① 中心に向かって折り、3つに折って折り線を入れる

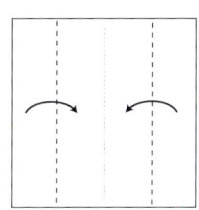

② 図のように折り開く

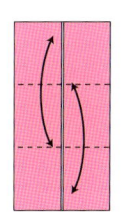

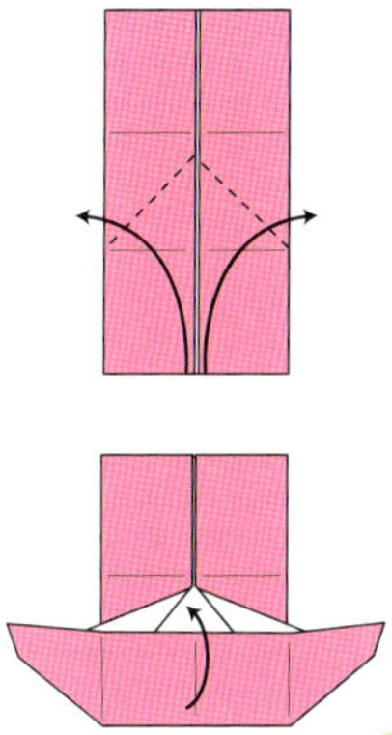

③ 辺に沿って向こう側へ折る

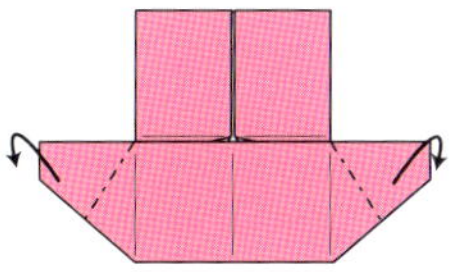

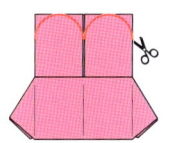

耳を切って…

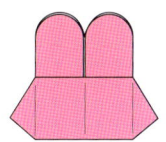

できあがり

顔を描いて仕上げましょう。

9月〈ぶどう〉

飾りを付けたり、②で折る幅を変えて…

1月〈たこあげ〉　2月〈雪だるま〉

## ねずみ

① 中心に向かって折り、3つに折って折り線を入れる

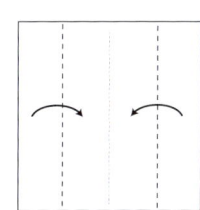

② うさぎより深く折り開く

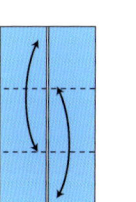

③ 向こう側へ折る

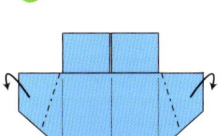

④ 切り込みを入れて開く

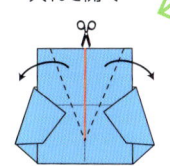

⑤ 折る

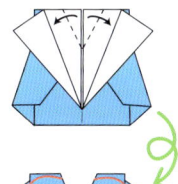

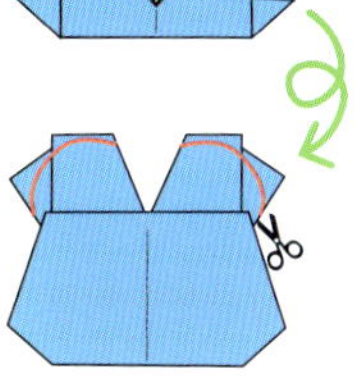

耳の形に切ってできあがり

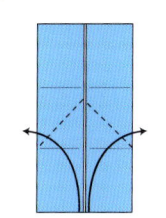

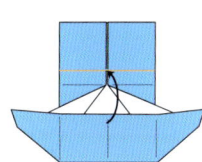

顔を描いて仕上げましょう。

1月〈たこあげ〉

------- 谷折り線　　------- 山折り線　　裏返す　　向きを変える　　図を拡大する

## 基本　動物の顔 B （耳を別紙で付ける折り方）

いぬ　　　　　　　とら

### B の基本形

❶ 三角に折る

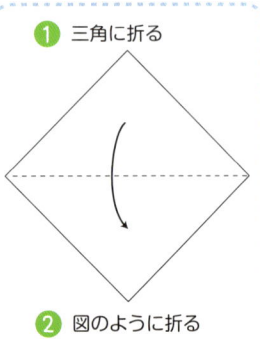

❷ 図のように折る

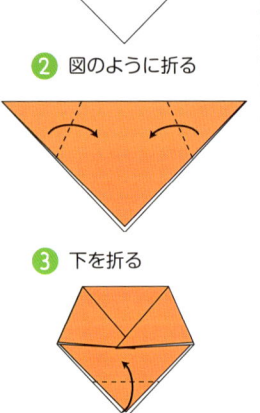

折ったところ

❷ まではいぬと同じ

❸ 図のように
下を両側に折る

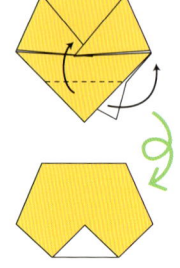

できあがり

動物の顔 B はいぬが基本形です。基本形から折る幅などを
アレンジして、耳を変えると、いろいろな動物ができます。
楽しくチャレンジしてくださいね。

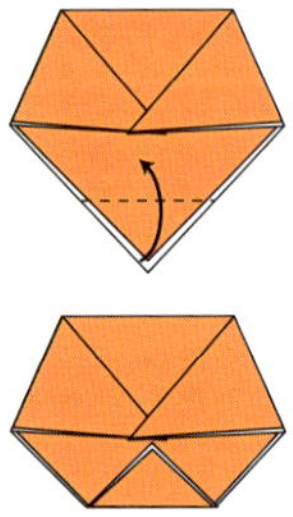

いぬの折り方で、
ほかの動物たちも
同じように作りましょう

8月〈すいか〉

いぬ

10月〈運動会〉

たぬき　　ひつじ

11月〈落ち葉〉

りす

いぬ

耳の形や位置を
自由に変えて、
いろいろな動物を
作ってみましょう！

3月〈お花列車〉

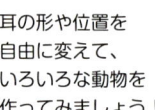

ねこ

顔を描き、
別紙で耳を切って
貼り…

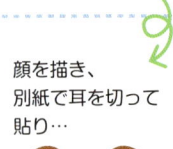

10月〈運動会〉の
いぬ

顔を描き、
別紙で耳を切って
貼り…

10月〈運動会〉の
とら

⑫　-------- 谷折り線　　-------- 山折り線　　⤴ 裏返す　　↻ 向きを変える　　➤ 図を拡大する

## 基本 動物の顔B（耳を別紙で付ける折り方）

### くま

❸ まではいぬと同じ

❹ 上の角を折る

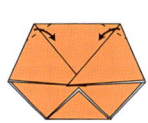

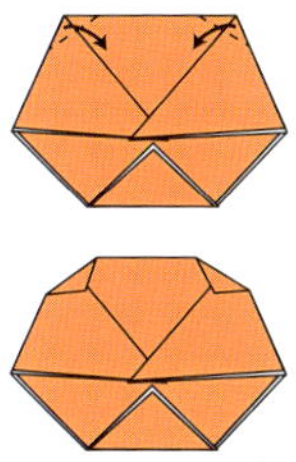

折ったところ

顔を描き、耳を付けてできあがり

3月〈お花列車〉のくま

**この折り方は…**
耳が丸いくまにぴったり！

6月〈虹〉

11月〈落ち葉〉

**くまの作り方で、ほかの動物にも！**

ぞう　6月〈虹〉

ぶた　8月〈すいか〉

ひよこ　10月〈運動会〉

### うさぎ

❸ まではいぬと同じ

❹ 横の角を折る

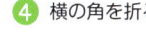
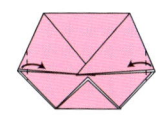

折ったところ

顔を描き、耳を付けてできあがり

10月〈運動会〉のうさぎ

**この折り方は…**
長い耳がつけやすいのでうさぎに最適！

6月〈虹〉

8月〈すいか〉

11月〈落ち葉〉

3月〈お花列車〉

### ねずみ

❶ はいぬと同じ

❷ 図のように折る

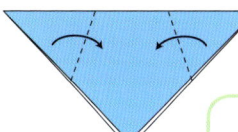

❸ 下を折る

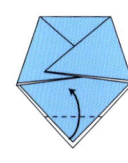

❹ 4つの角を折る

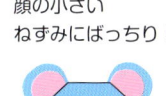

折ったところ

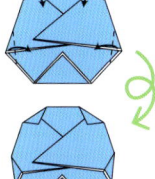

顔を描き、耳を付けてできあがり

10月〈運動会〉のねずみ

**この折り方は…**
顔の小さいねずみにばっちり！

3月〈お花列車〉

---

-------- 谷折り線　-------- 山折り線　裏返す　向きを変える　図を拡大する

# 4月 桜並木を通って行こう

桜の並木の下を、園に向かう2人。希望と期待で胸がふくらみます。
ちょうちょうさんたちもお祝いに来てくれました。
道はコルクで作るとざらざらした土の感じが表現できます。

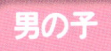

女の子　男の子

4月

## 顔

1 中心に向かって折る 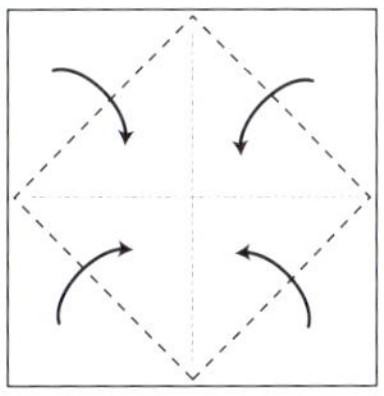
2 折る 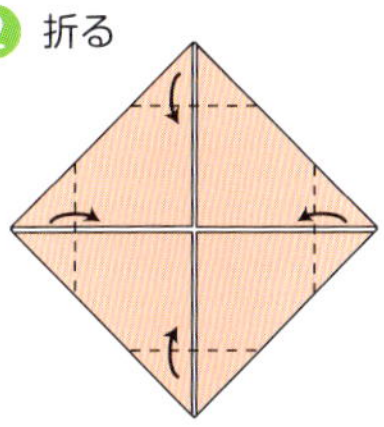
3 折り返す 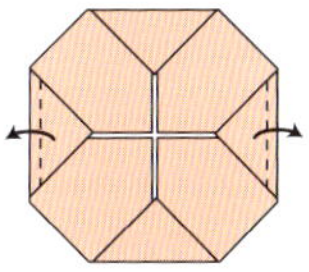
4 角を折る

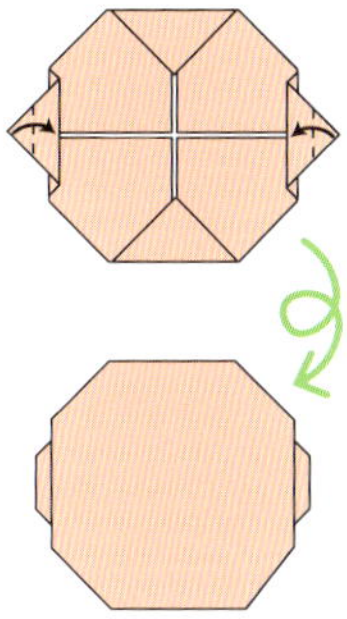

できあがり

## 髪

1 半分に折る 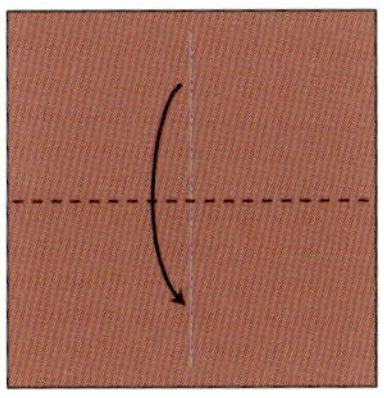
2 折り返す

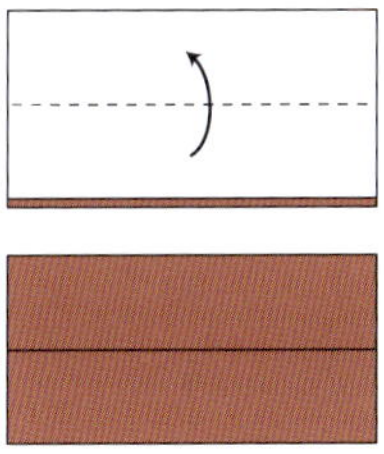

できあがり

髪の間に顔を入れて前髪を切る

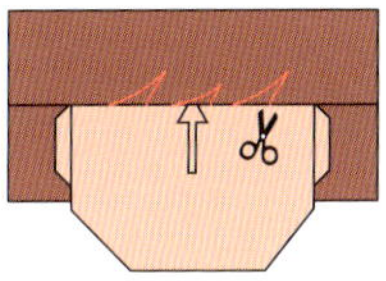

角を折る

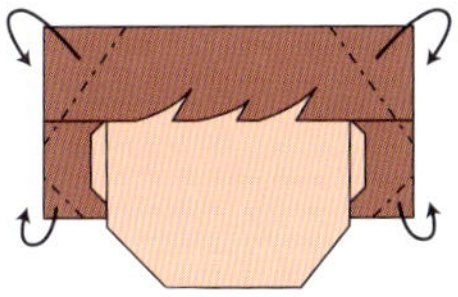

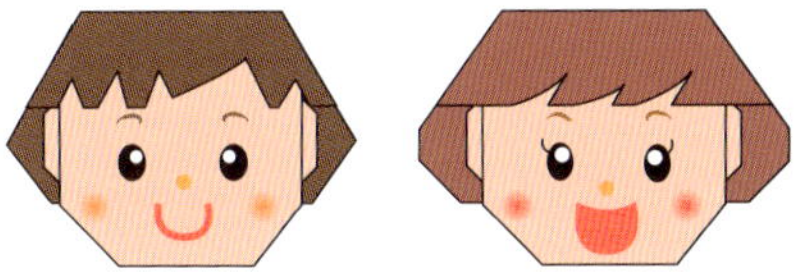

顔を描いて仕上げましょう。
*[基本] 人の顔B＋髪 (p5)

## 体

1 図のように折る 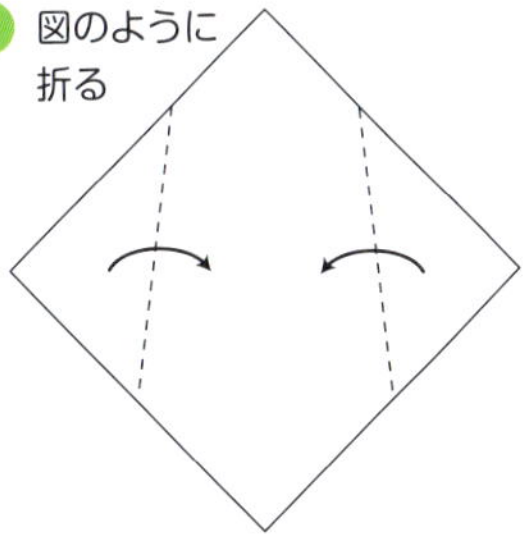
2 折り開く 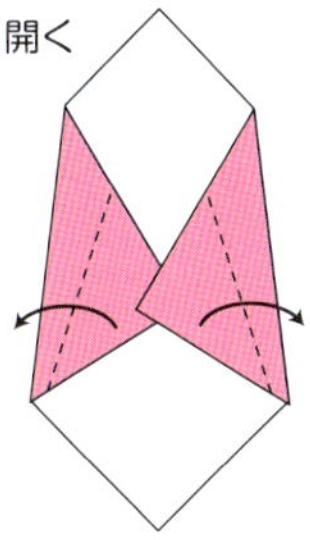
3 折る 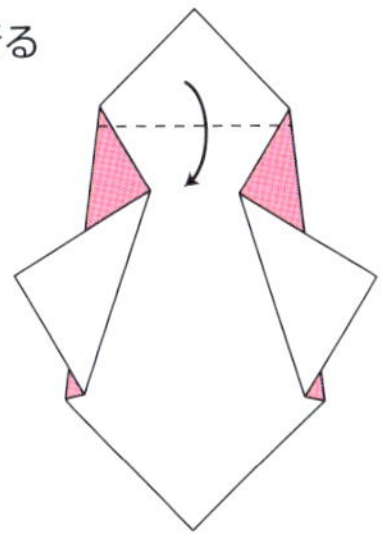
4 折る

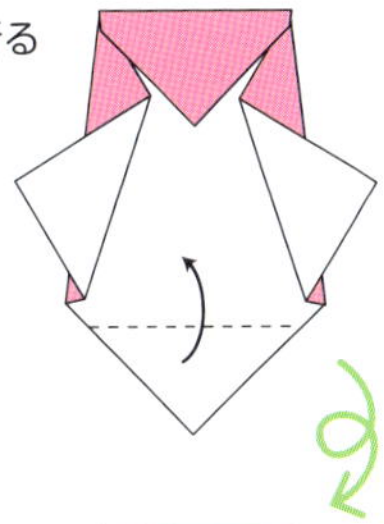

衿やボタンを付けてできあがり
*手は、折り紙を切って貼ります。

## ぼうし

1 中心に向かって折る 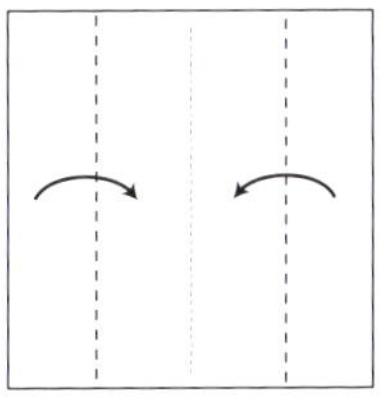
2 折る 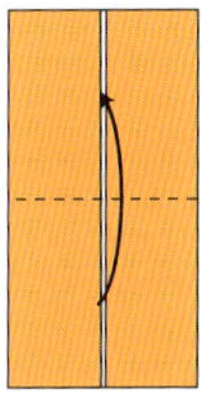
3 折る 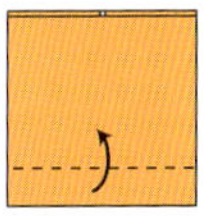
4 向こう側に折る 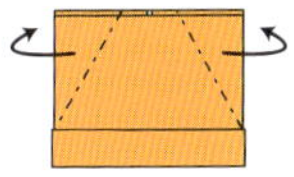
5 向こう側に折る

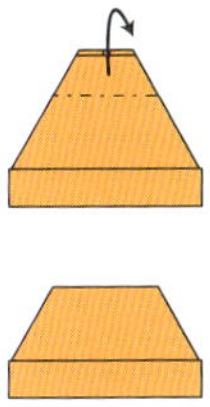

できあがり

## かばん

1 4分の1に切った折り紙を中心に向かって折る 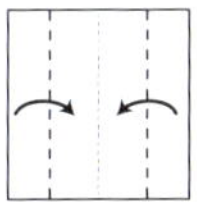
2 オレンジ色の線に向かって折る 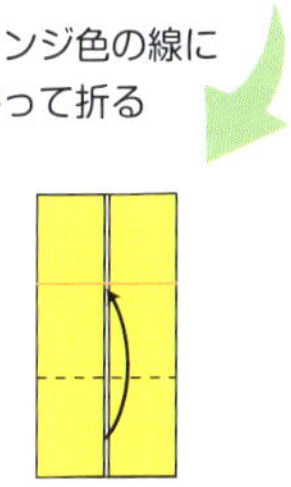
3 折る 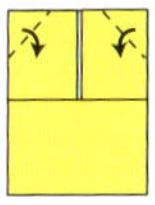
4 図のように折る

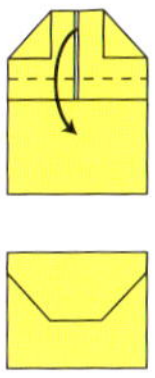

折ったところ

モールで持ち手を付けて…

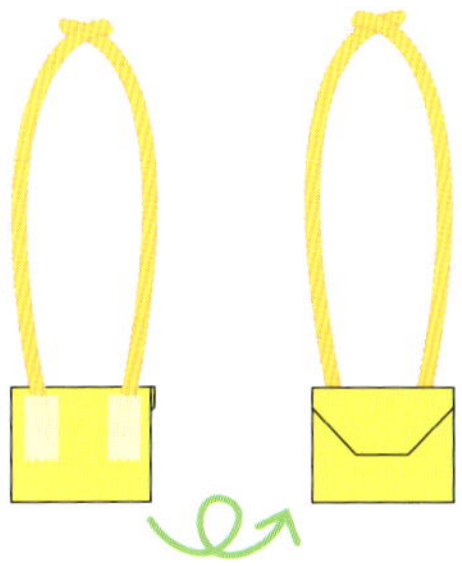

できあがり

-------- 谷折り線　——— 山折り線　裏返す　向きを変える　図を拡大する

| りす | ちょうちょう | てんとうむし |

### りすの顔
1. 三角に折る 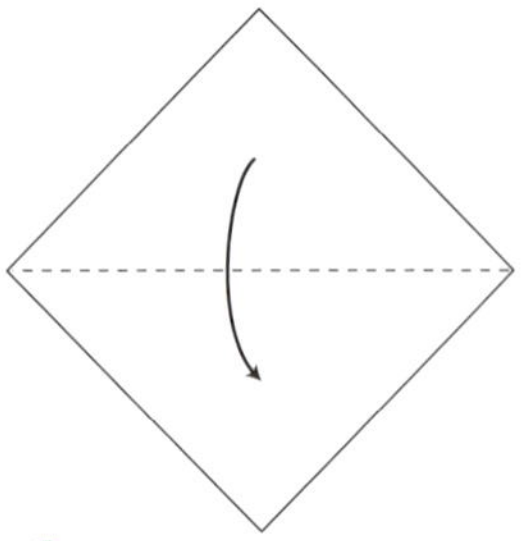
2. 折る 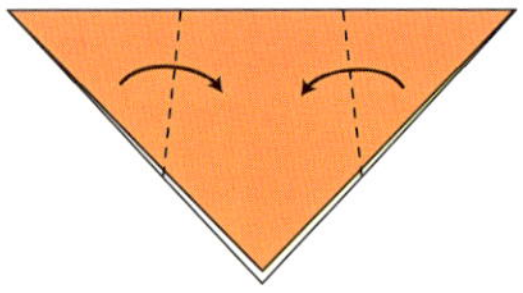
3. 折る 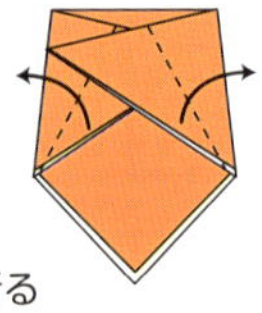
4. 折る

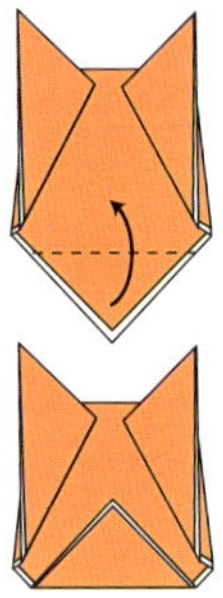

顔を描き、飾りを付けて…
できあがり

*基本 動物の顔A（p9）

### りすの体
1. 少し折る 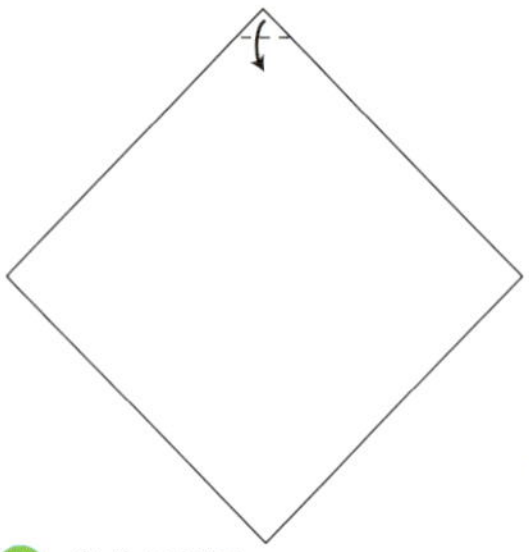
2. 半分に折る 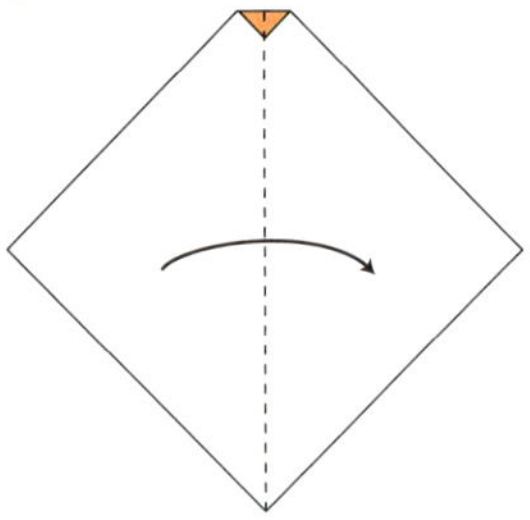
3. 図のように折る

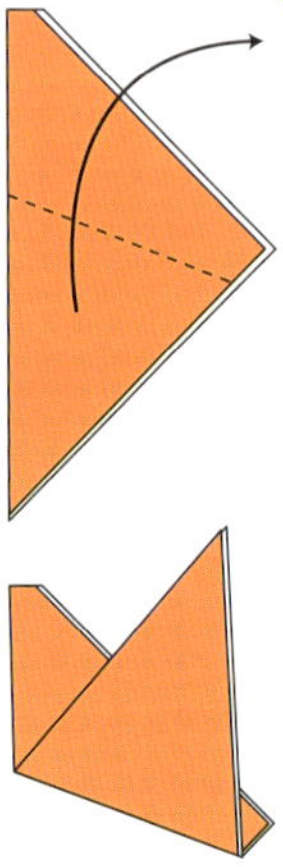

できあがり

*体は少し左に傾けます。
手やしっぽを描いて仕上げましょう。

### ちょうちょうの体
1. 半分に折る 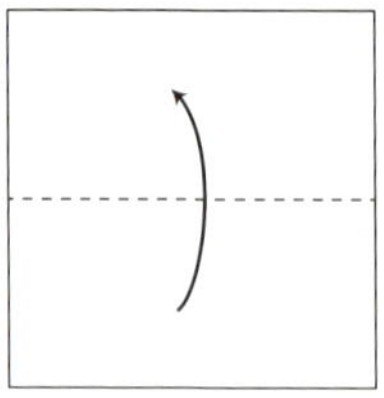
2. 半分に折って図のように切る 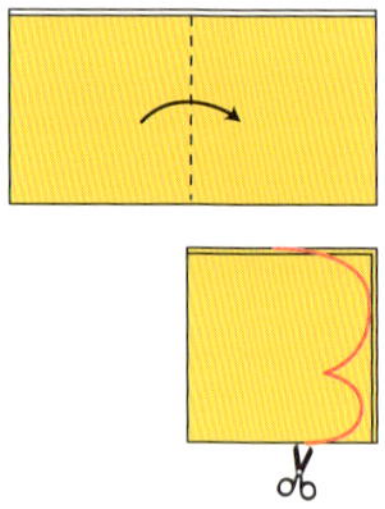
3. 開いて図のように折る

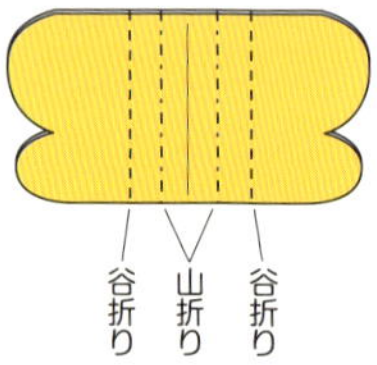

谷折り　山折り　谷折り

できあがり

### ちょうちょうの顔 / てんとうむしの顔
1. 8分の1に切った折り紙を半分に折る 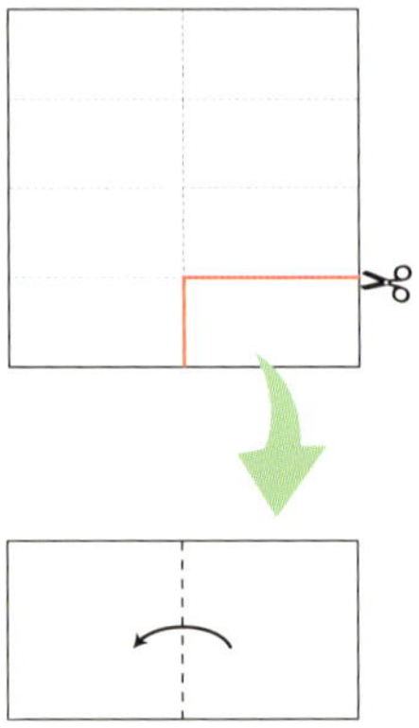
2. 4つに折って切る

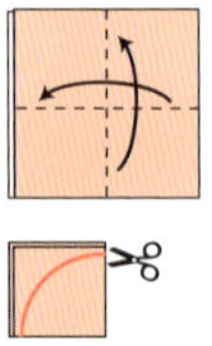

開いて

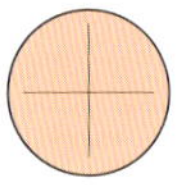

顔を描いてできあがり

体と顔を付けて仕上げましょう。

### てんとうむしの体
1. 2分の1に切った折り紙でちょうちょうの顔と同じように作る

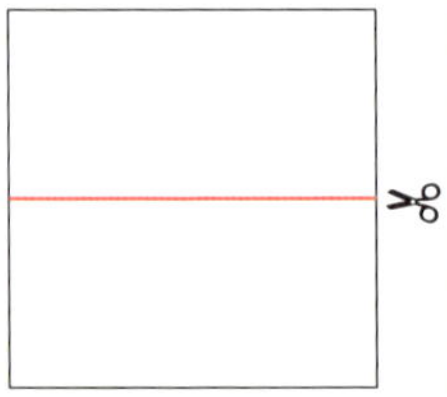

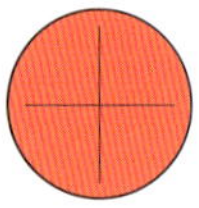

三角に切り込みを入れ、切り込み部分の裏側に黒い折り紙を貼る

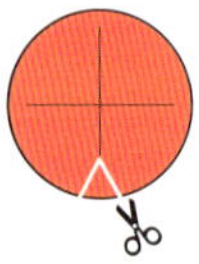

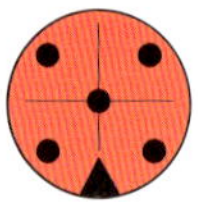

体の模様を描いてできあがり

---

⑯　------ 谷折り線　------ 山折り線　裏返す　向きを変える　図を拡大する

## 大きい桜

### 花

**1** 折る

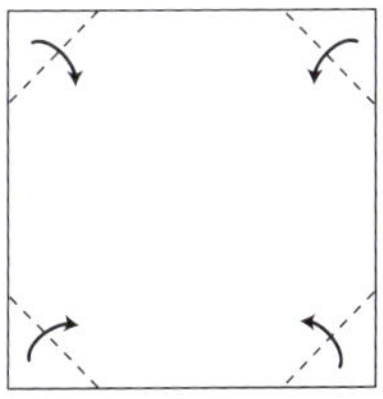

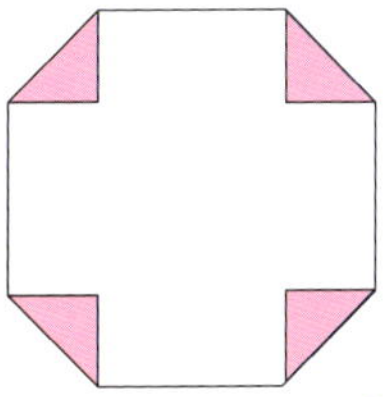

折ったところ

花びらの形に切った折り紙を貼って…

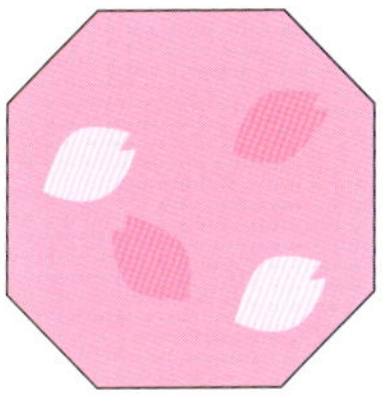

できあがり

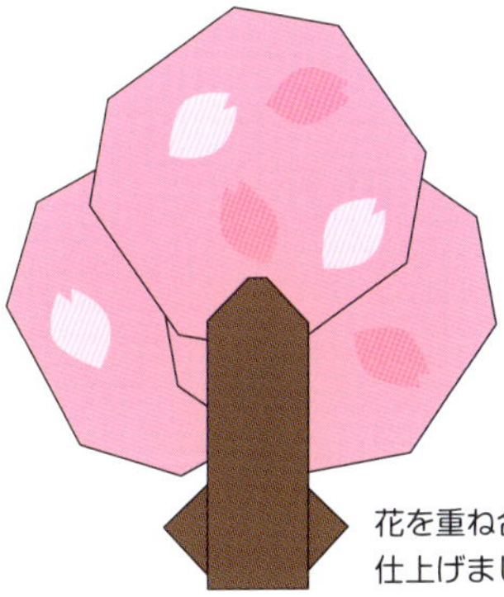

### 幹

**1** 3つに折る

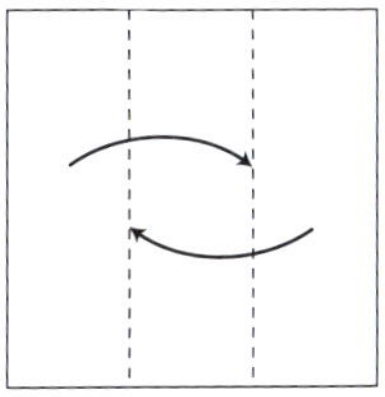

**2** 右側を開いて中の紙を折る

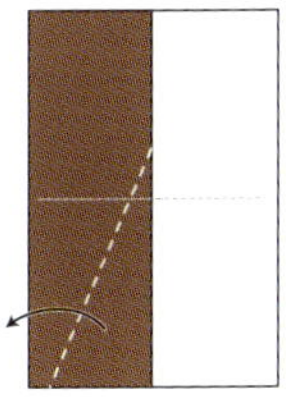

**3** 開いた右側を戻して同様に折る

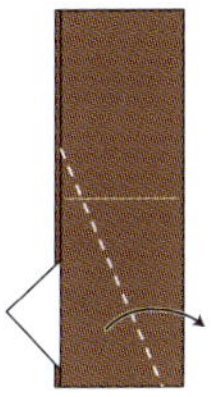

**4** 角を折る

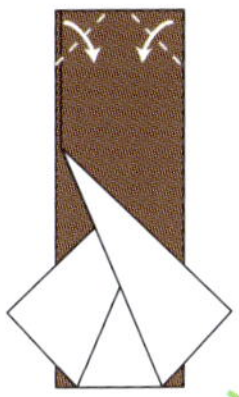

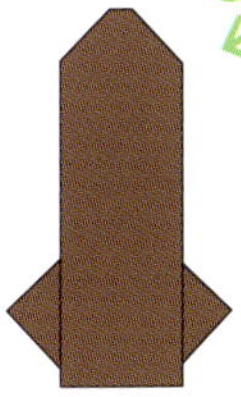

できあがり

花を重ね合わせて仕上げましょう。

## 小さい桜

### 花

**1** 中心に向かって折る

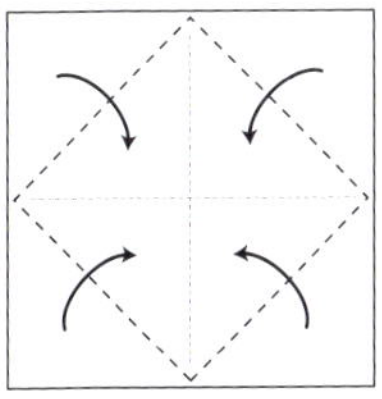

**2** 点線で折り返す

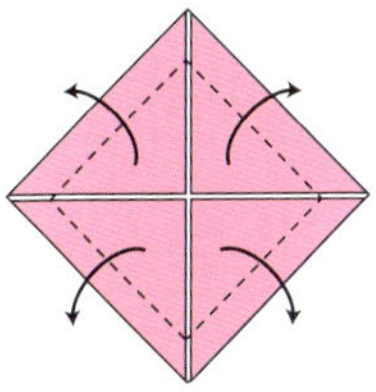

**3** 角を折る

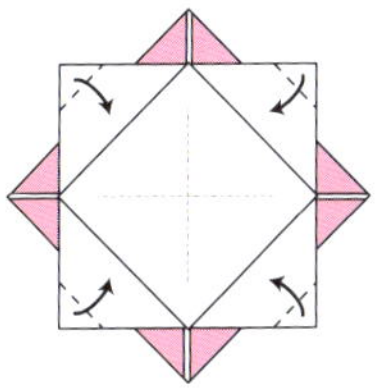

**4** 角を折る

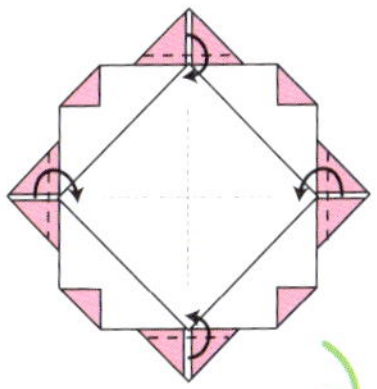

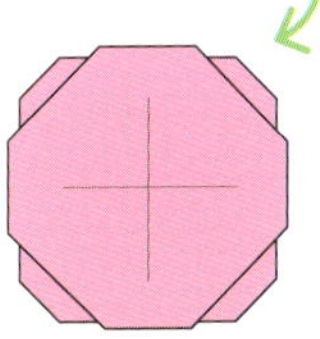

できあがり

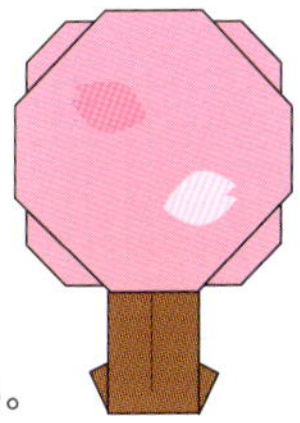

花びらの形に切った折り紙を貼りましょう。

### 幹

**1** 中心に向かって折る

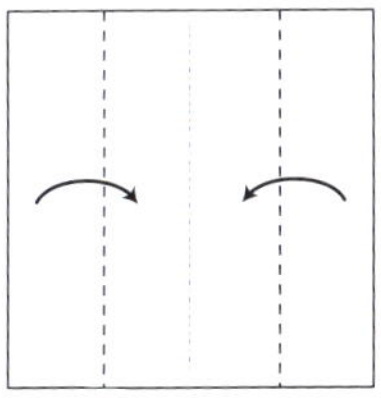

**2** 折る

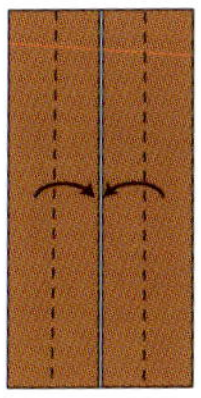

**3** 下を折り開く

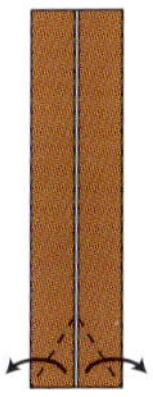

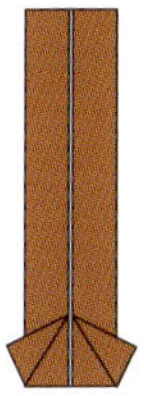

折ったところ

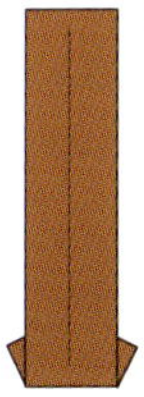

できあがり

4月

-------- 谷折り線　········ 山折り線　↺ 裏返す　↻ 向きを変える　↗ 図を拡大する

⑰

# 4月 チューリップのお庭でかくれんぼ

にわとり母さんは、かわいいひよこたちをうまく探せるかな？
プランターはコルクで作ると、素焼きのような風合いが出ます。
土の部分は、紙ひもを開いたもので、ふんわりと仕上げましょう。

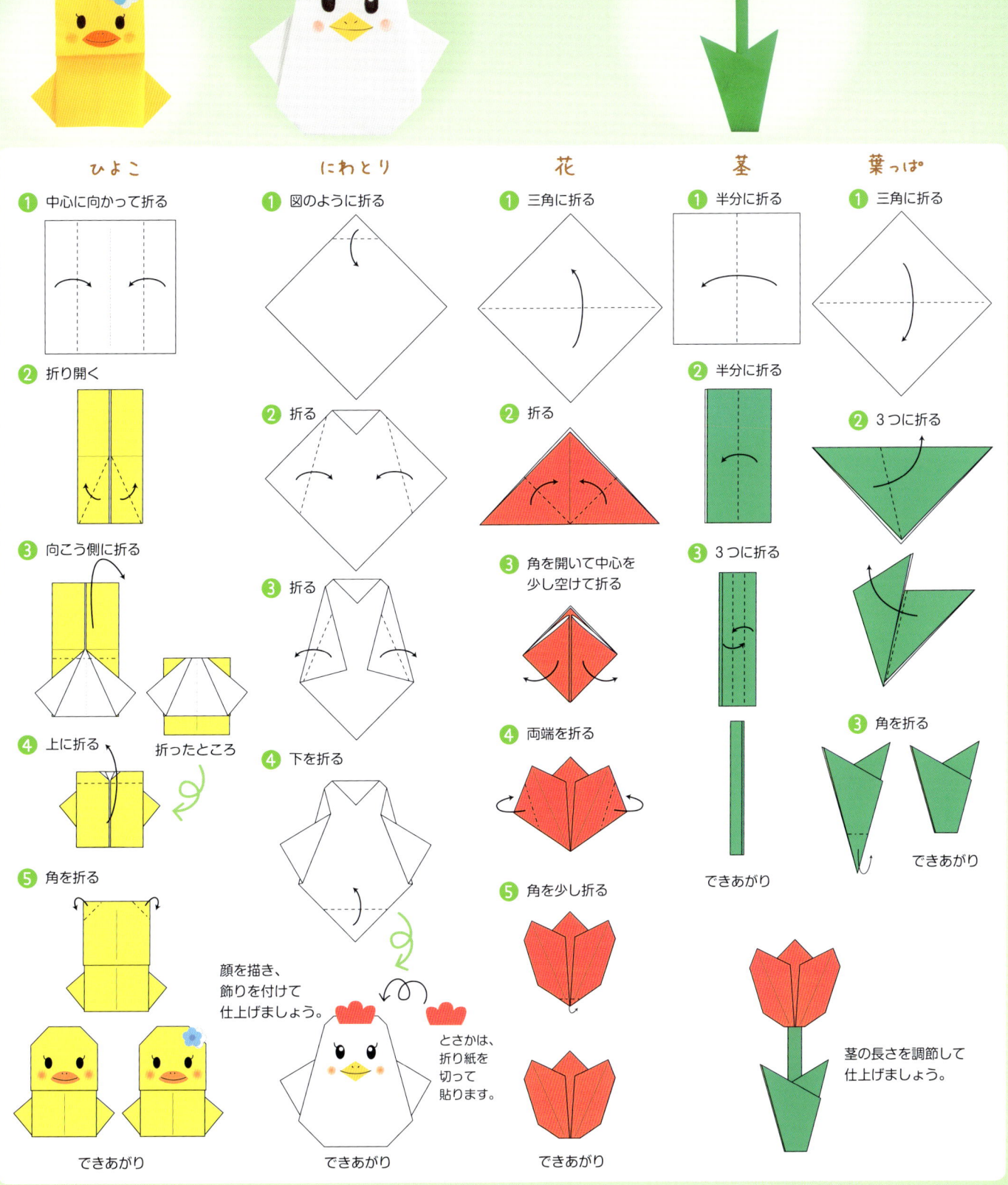

# 5月 屋根より高いよ こいのぼり

青いお空に浮かぶ色とりどりのこいのぼり。
とっても気持ちよさそうに泳いでいます。
屋根は色画用紙で作りましょう。雲は2つ折りにして切るのがコツです。

男の子の顔・女の子の顔→[基本]人の顔B（p5）

 女の子　 男の子　こいのぼり　家

5月

## 体　　顔　　こいのぼり（大）　　こいのぼり（小）　　家

**① 図のように折る**

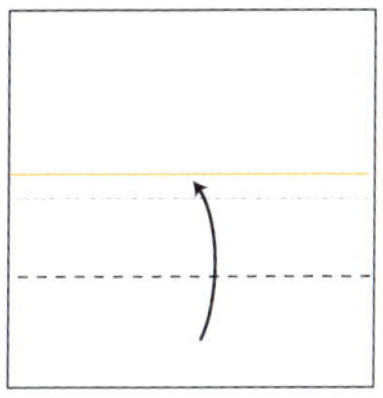

＊[基本]人の顔B（p5）と同様に折る

〈男の子〉
角を図のように折る
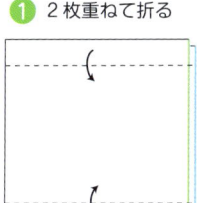

**① 2枚重ねて折る**
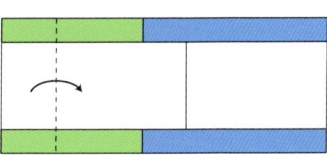

**① 図のように折る**
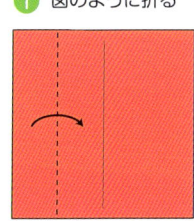

**① 2枚重ねて折る**
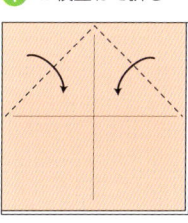

**② 折る**
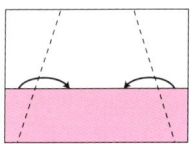

できあがり

**② 図のようにずらして折る**
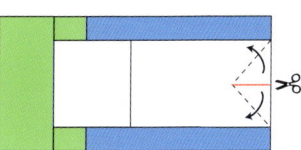

**② 折る**
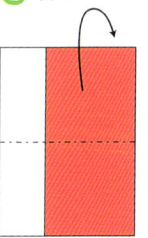

ドアや窓を付けて…
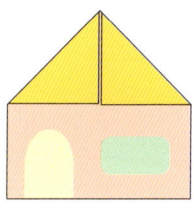

できあがり

**③ 切り込みを入れて向こう側に折る**
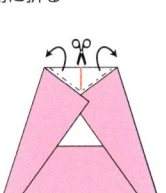
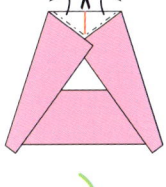

〈女の子〉
髪の毛を折り紙で切って差し込む

**③ 切り込みを入れて折る**

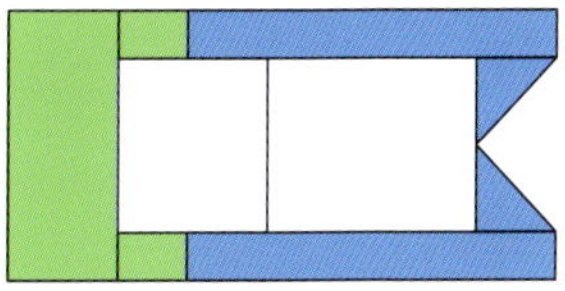

折ったところ

**③ 切り込みを入れて折る**

模様を付けて…
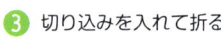

屋根の部分を
もう1折りすると…
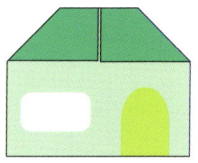

もう1種類
できあがり

できあがり

できあがり

模様を付けたら…
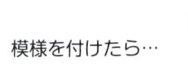

できあがり

できあがり

＊こいのぼりの模様は、穴開けパンチなどを利用すると便利です。

--------  谷折り線　　--------  山折り線　　裏返す　　向きを変える　　図を拡大する

# 5月 いちごがた～くさん♪

春はいちごの季節。たくさん穫ってたっぷり食べましょう。
いちごの花は、折り紙を花型パンチで型抜きして丸シールを貼ります。
つるは、綿ロープで柔らかい印象に。

うさぎ
 ねこ
 いちご
かご

## うさぎの顔

① 三角に折る
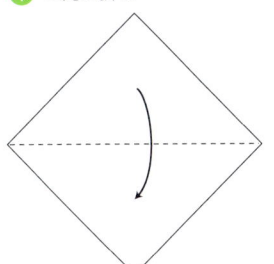

② 真ん中に向かって折る
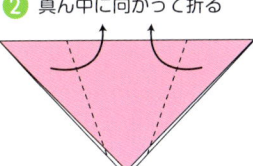

③ 上の角を少し折る
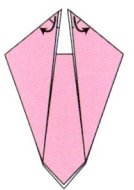

④ 横の角を折る
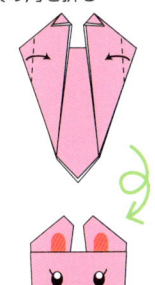

顔を描いてできあがり

## ねこの顔

② まではうさぎと同じ

③ 上の角を辺に合わせて折る

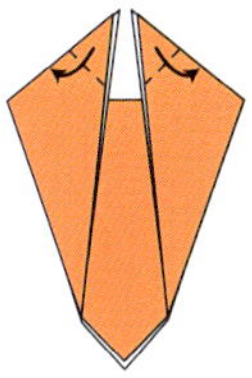

④ 角を折る

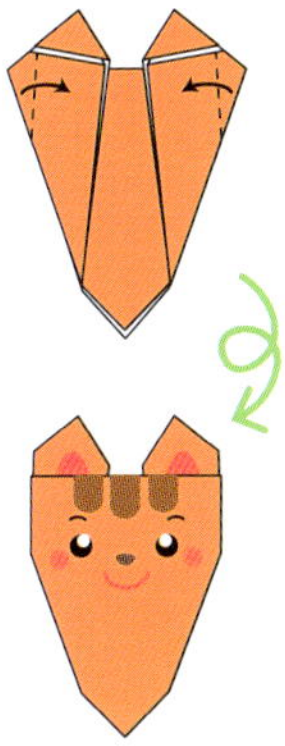

顔を描いてできあがり

## うさぎ・ねこの体

① 中心に向かって折る
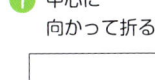

② 切り込みを入れて折る
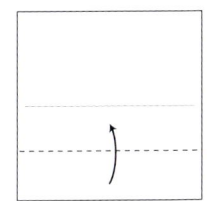

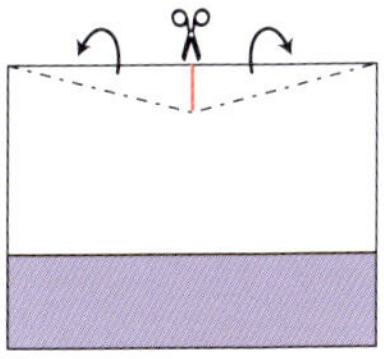

③ 図のように折る
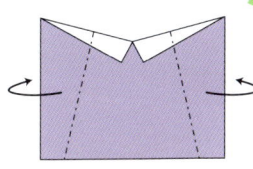

できあがり

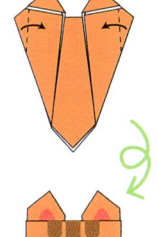

顔を体に差し込み、手を貼って、いちごを持たせましょう。

## いちご

① 4分の1に切った折り紙を三角に折る
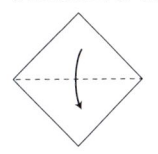

② 真ん中に向かって折る

③ 角を折る

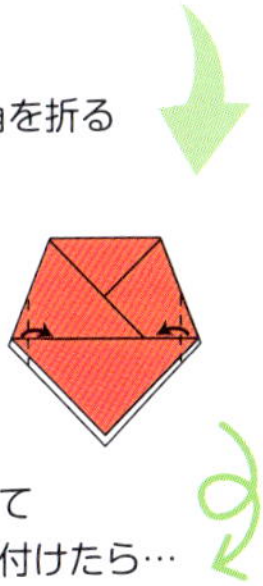

裏返してへたを付けたら…

できあがり

＊へたは、折り紙を切って貼ります。

## かご

① 半分に折る
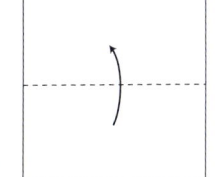

② 角を折る
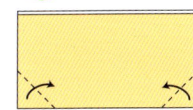

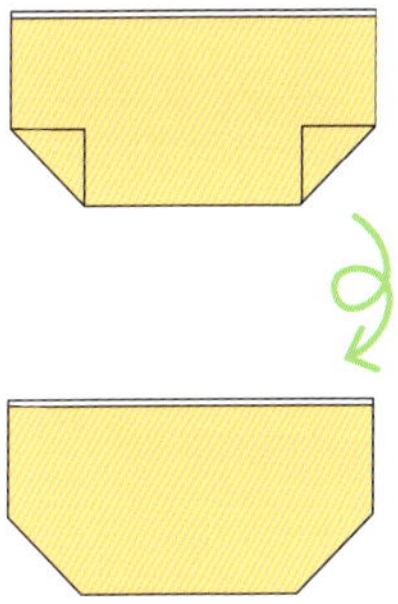

できあがり

飾りを付けて仕上げましょう。

### 葉っぱの作り方

16分の1に切った折り紙を半分に折って、葉っぱの形に切る。

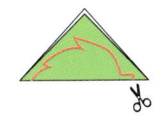

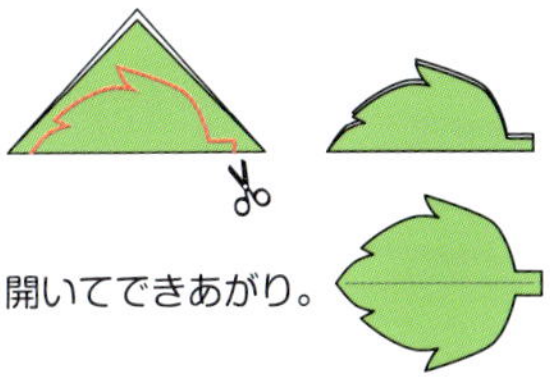

開いてできあがり。

------- 谷折り線　------- 山折り線　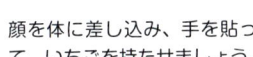 裏返す　向きを変える　図を拡大する

5月

# 6月 虹を渡ってお出かけ

キラキラ虹を渡って、青空の向こうへ行ってみよう。
虹のすべり台も楽しそう！
虹は切り込みを入れたスズランテープを重ねて作ります。

かえる→かえる① (p27)

## くま / ぞう / うさぎ

### くまの顔
1. 三角に折る 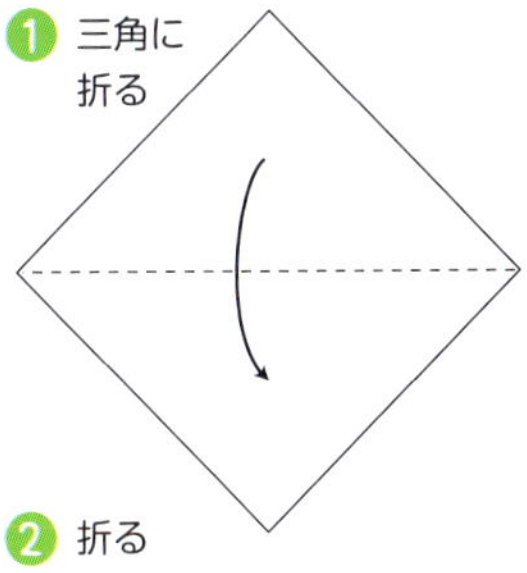
2. 折る 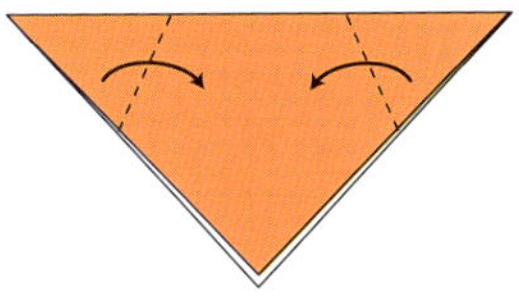
3. 折る 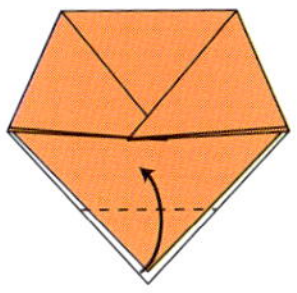
4. 上の角を折る

顔を描き、耳を付けてできあがり

*[基本] 動物の顔B (p13)

### ぞうの顔
2. まではくまと同じように折る
3. 折る 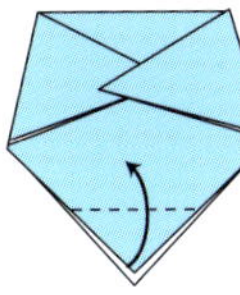
4. 上の角を折る

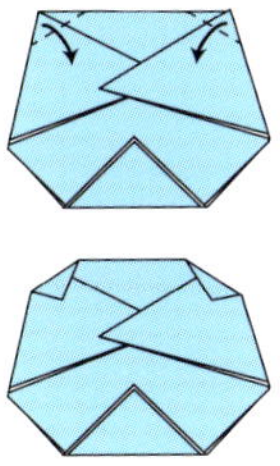

顔を描き、耳と鼻を付けてできあがり

### うさぎの顔
3. まではくまと同じ
4. 横の角を折る

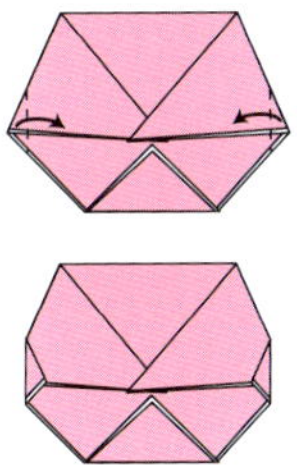

顔を描き、耳と飾りを付けてできあがり

### うさぎ・くまの体
1. 中心に向かって折る 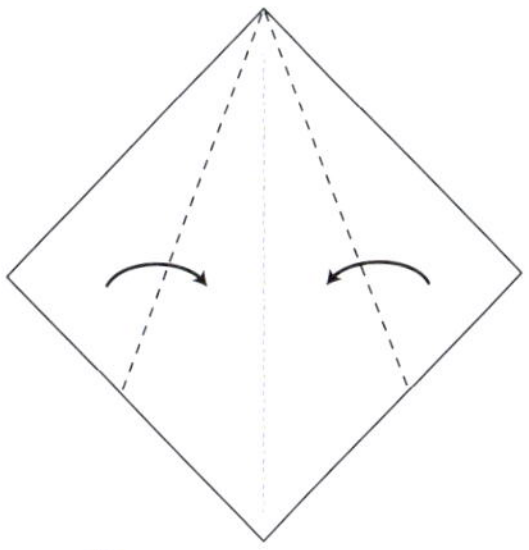
2. 折る 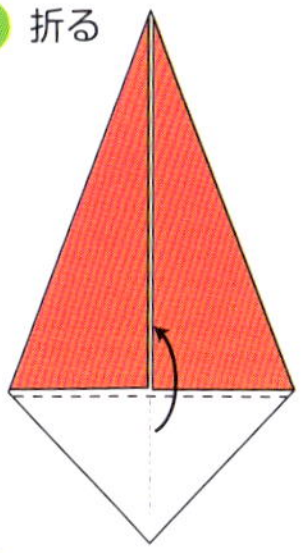
3. 折る

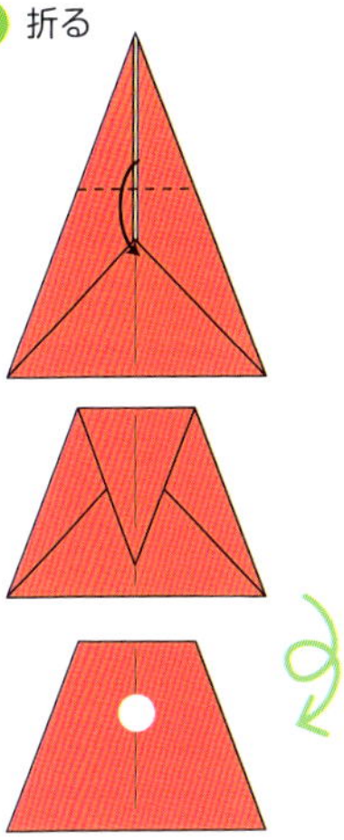

ボタンを付けてできあがり

### ぞうの体
1. 中心を少し空けて折る 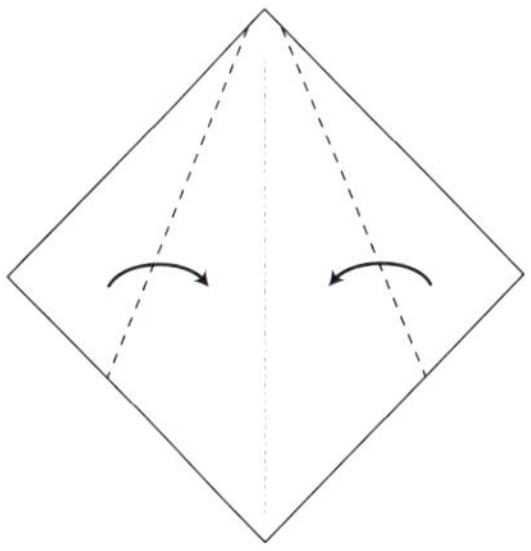
2. 折る 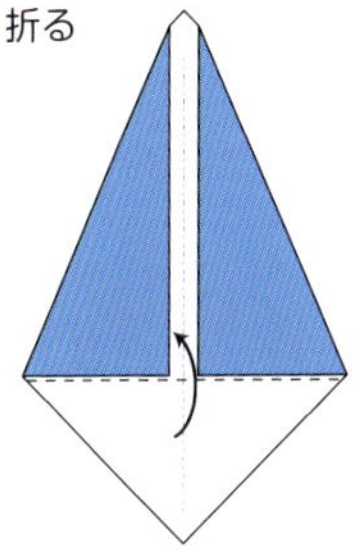
3. 折る

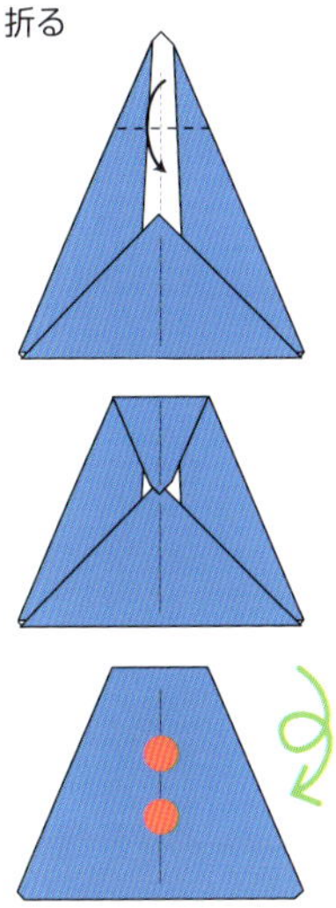

ボタンを付けてできあがり

元気よく仕上げましょう。

### 手
1. 4分の1に切った折り紙を図のように折り、切り取る

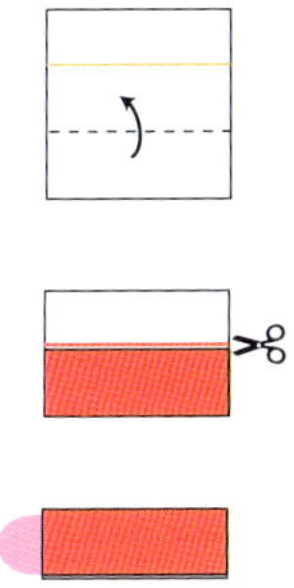

折り紙を手の形に切って貼りましょう。

### 足
1. 8分の1に切った折り紙を半分に折って切る

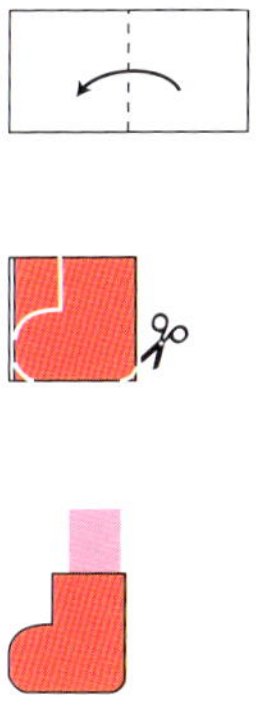

折り紙で足の部分を切って貼りましょう。

6月

---
------ 谷折り線　------ 山折り線　裏返す　向きを変える　図を拡大する

## かさ

## てるてるぼうず

### かさ

1. 中心を少し空けて折る 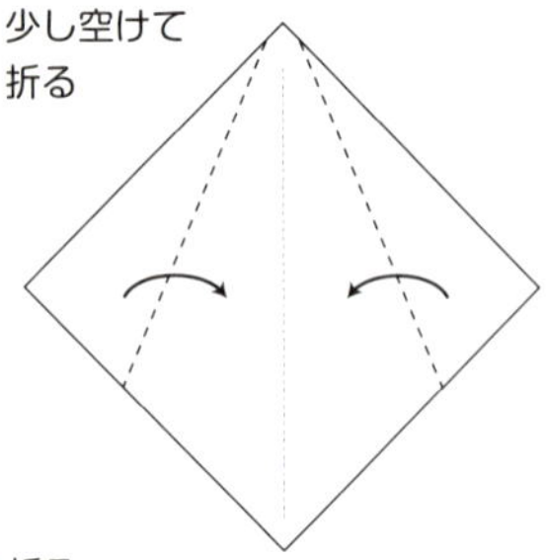
2. 折る 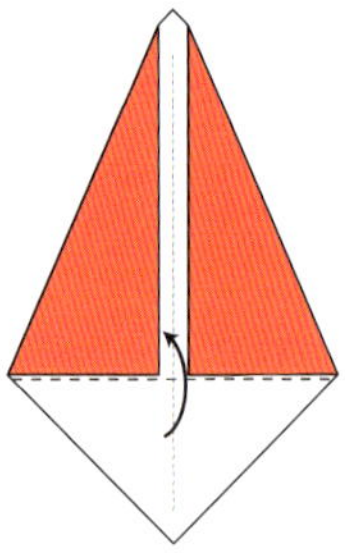
3. 折って下を切る 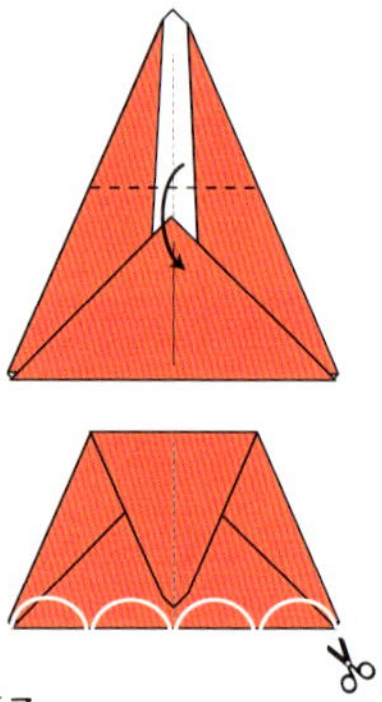
4. 角を折る

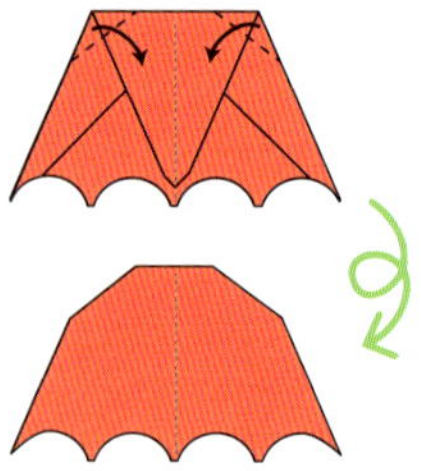

できあがり

### 柄

1. 三角に折る 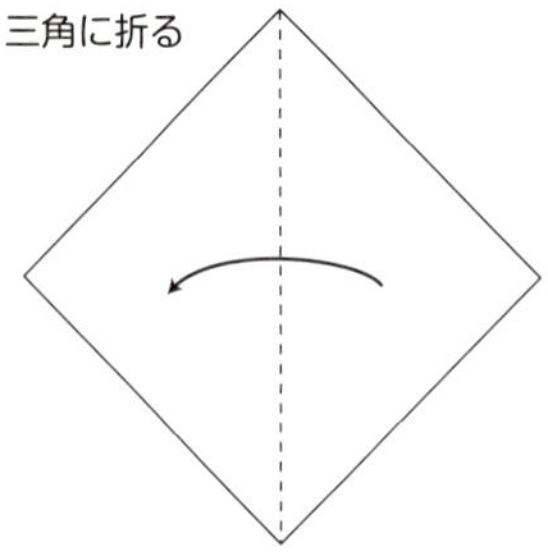
2. 細く折りたたみのりで貼り留める 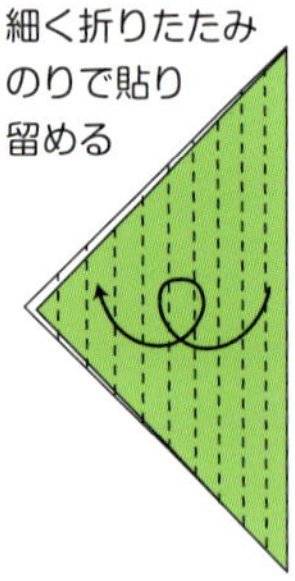
3. 折る 
4. もう1回折って両端を切る

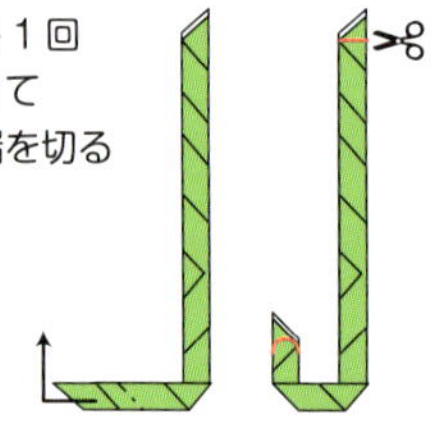

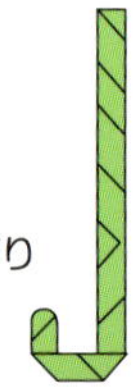

できあがり

### てるてるぼうずの顔

1. 2分の1に切った折り紙を半分に折る 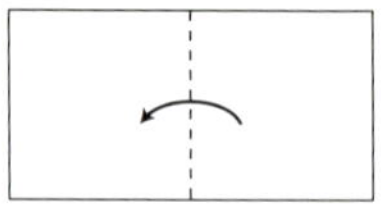
2. 角を向こう側に折る

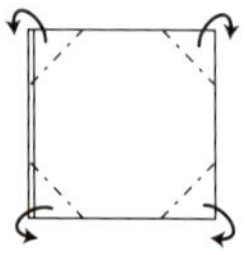

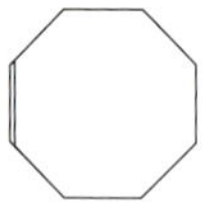

できあがり

### てるてるぼうずの体

1. 2分の1に切った折り紙を半分に折る 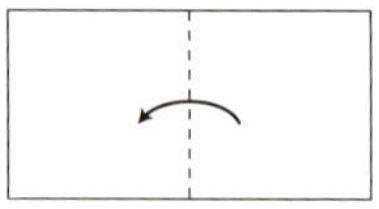
2. 三角に折って切る

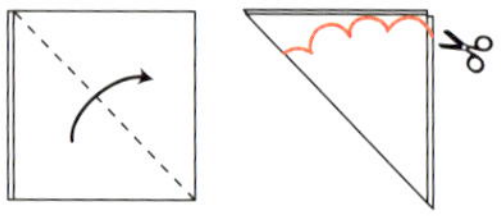

開いてできあがり

顔を描き、体に貼って仕上げましょう。

かさと柄を貼り、模様を付けて仕上げましょう。

-------- 谷折り線　　-------- 山折り線　　裏返す　　向きを変える　　図を拡大する

# 2種類のかえる

## かえる ①
6月〈虹〉のかえる (p24)

## かえる ②
6月〈あじさい〉のかえる (p28)

### かえる①の顔

1. 三角に折る 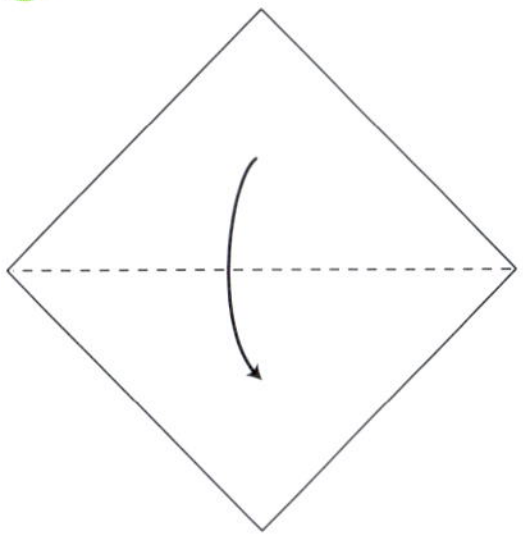
2. 折る 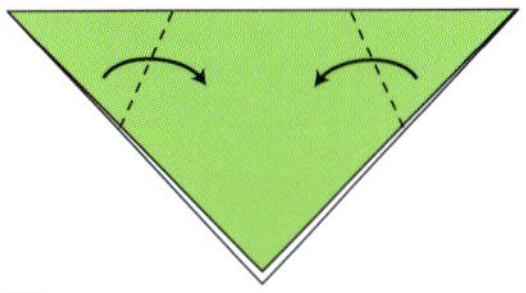
3. 折る

目を貼り口を描いてできあがり

### かえる②の顔

1. 中心に向かって折る 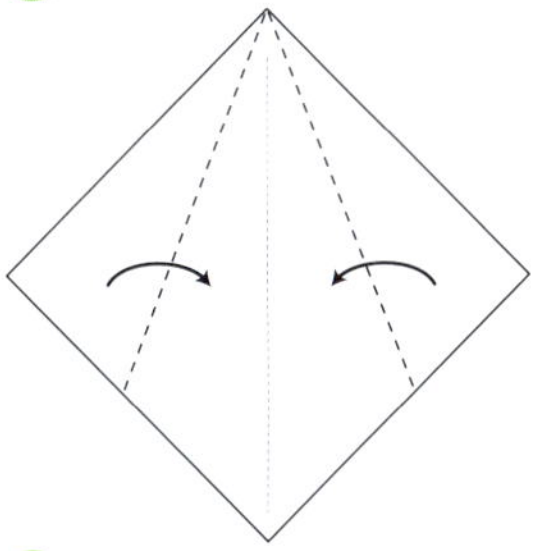
2. 折る 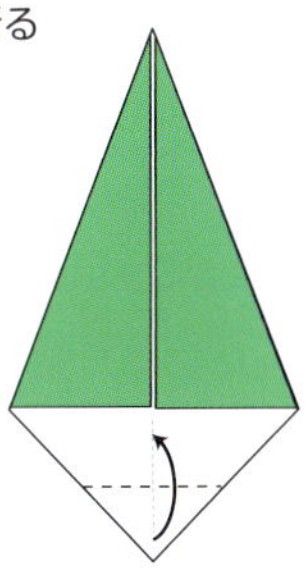
3. 下向きに折る 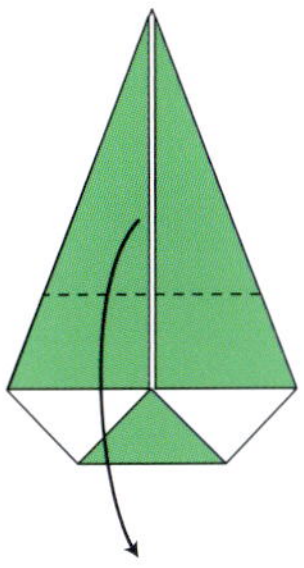
4. 切り込みを入れて折り上げる 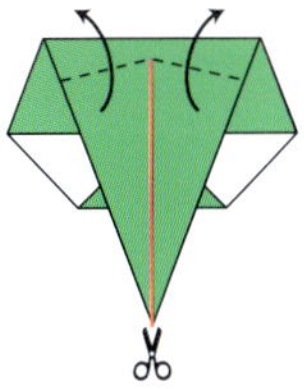
5. 角を折る

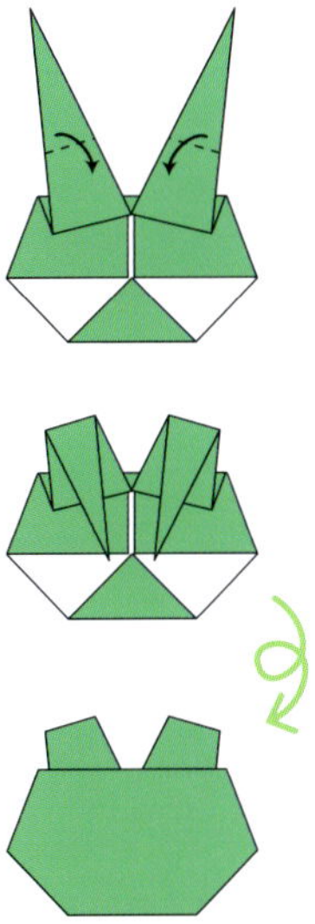

できあがり

**アレンジ**
＊角を折ると… やさしそうな顔に

### かえる①・②の体

1. 三角に折る 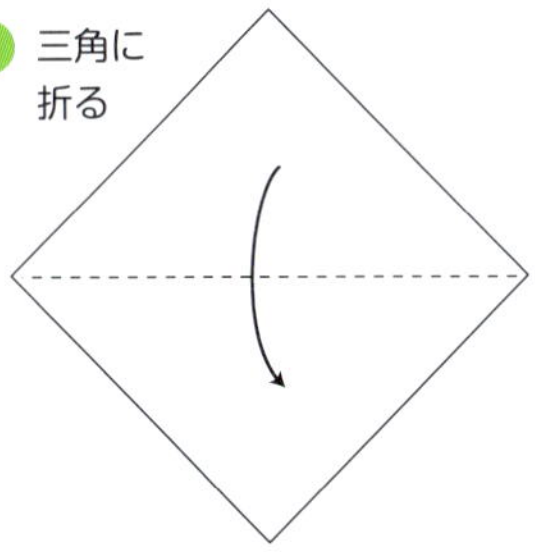
2. 角を内側に折り込む 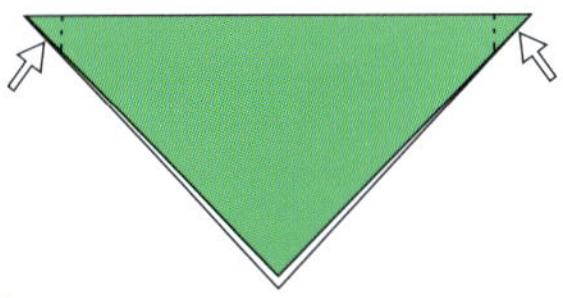
3. 折る 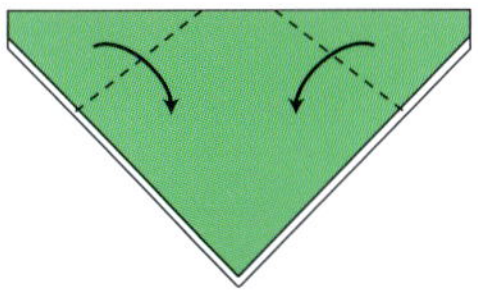
4. 向こう側に折る

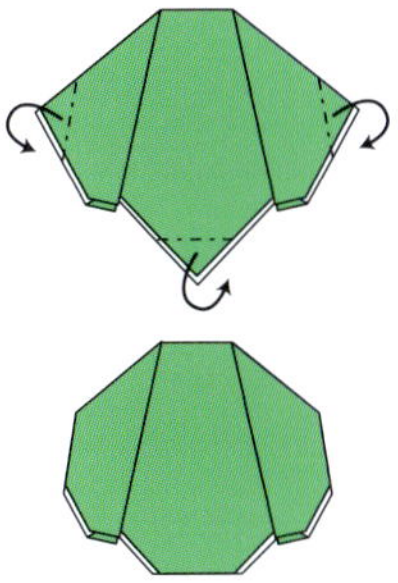

できあがり

かえる①は手の部分を図のように切る

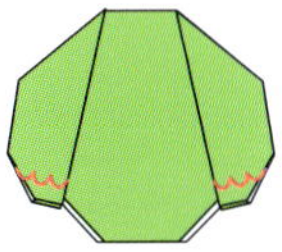

顔を描き、体に貼って仕上げましょう。

顔を体に貼ってできあがり

------- 谷折り線　　------- 山折り線　　裏返す　　向きを変える　　図を拡大する

6月

## 6月 きれいなあじさい見つけたよ

ピンク、水色、紫…、きれいなあじさいが咲きました。
かえるとかたつむりが喜んで出てきましたよ。
シールやカラーセロファンで雨のしずくを降らせてみましょう。

かえる→かえる②（p27）

| あじさい | 葉っぱ | かたつむり |

| 花 | 花びら | 葉っぱ | かたつむりの体 | かたつむりの殻 |

**花**
1. 中心に向かって折る
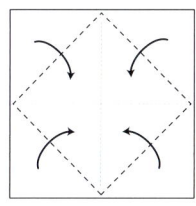
2. 点線で折り返す
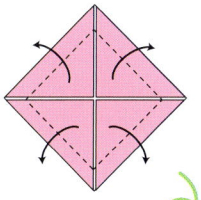
できあがり

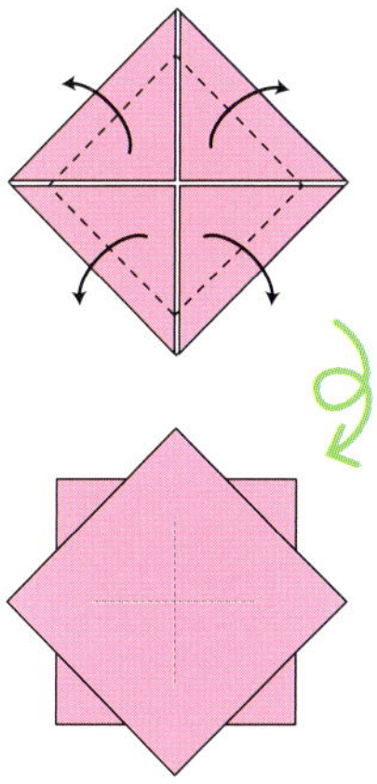

**花びら**
1. 16分の1に切った折り紙を4つに折る
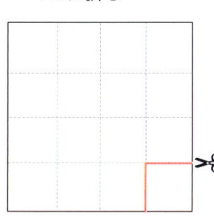
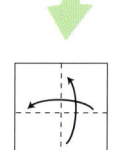
図のように切って…
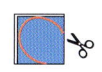
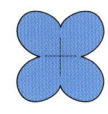
開いてできあがり

花びらを貼って仕上げましょう。

**葉っぱ**
1. 中心に向かって折る
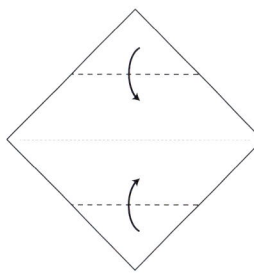
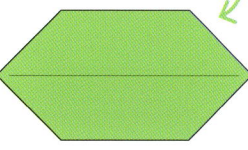
できあがり

**かたつむりの体**
1. 三角に折る
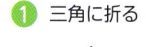
2. 折る
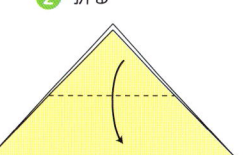
3. 折る
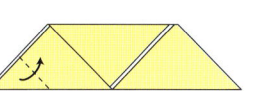
4. 角を折る

5. 図のように折り上げる
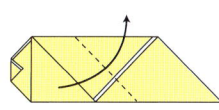
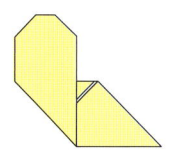
できあがり

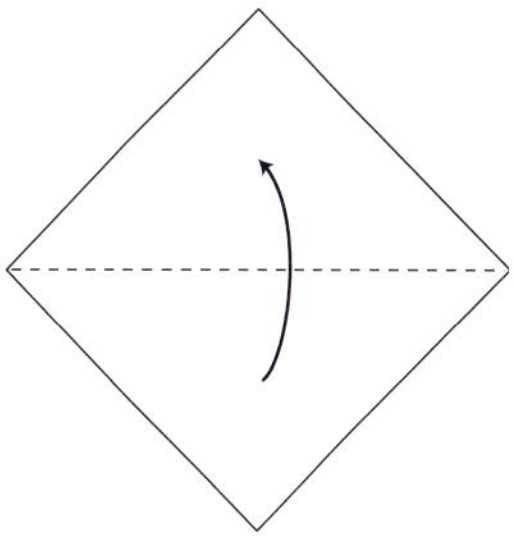

**かたつむりの殻**
1. 半分に折る
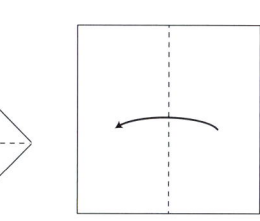
2. 折る
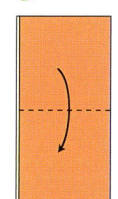
3. 角を折る
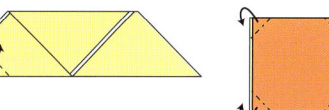
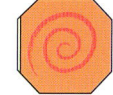
できあがり

体と殻を重ね、顔のパーツを貼って仕上げましょう。

6月

-------- 谷折り線　-------- 山折り線　裏返す　向きを変える　図を拡大する

# 7月 七夕の夜に願いを込めて

★ おりひめとひこぼしが、天の川を渡って再会を喜びます。
2人ともうれしそう！
★ 天の川は不織布を2枚重ねて柔らかく作りましょう。

おりひめ・ひこぼし→[基本]人の顔C（p6）＋着物（p7）

| 笹 | | 飾り① | 飾り② | 橘 |

## 茎
① 4分の1に切った折り紙を3つに折る

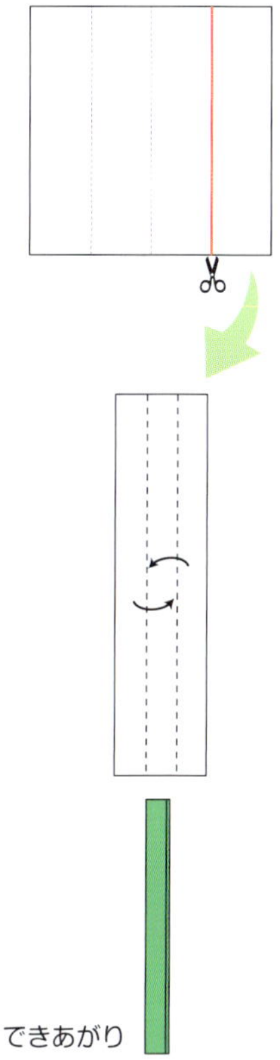

## 笹の葉
① 16分の1に切った折り紙を半分に折り、葉の形に切る

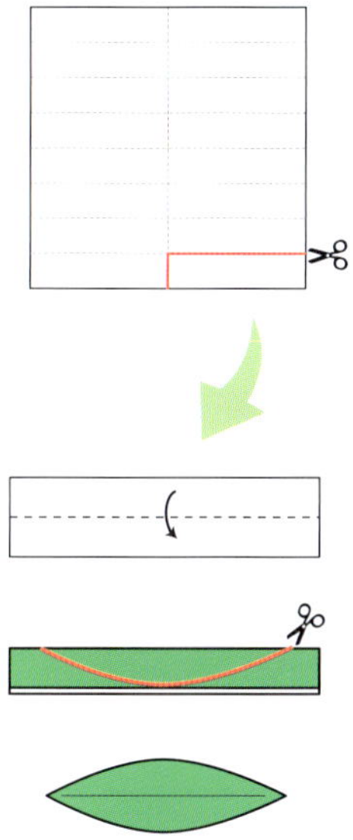

開いてできあがり

3枚ずつ重ねて貼り、茎に付けましょう。

## 飾り①
① 4分の1に切った折り紙を半分に折り、細かく切り込みを入れて開く

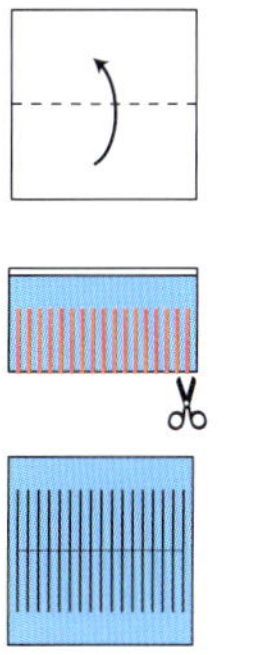

② 4分の1に切った折り紙を少し切る

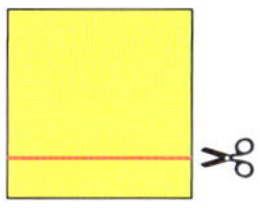

③ ①を丸めて貼り、②を丸めて①の中に入れる

できあがり

## 飾り②
① 好きな大きさの正方形を貼り合わせる

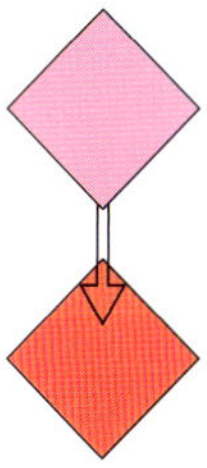

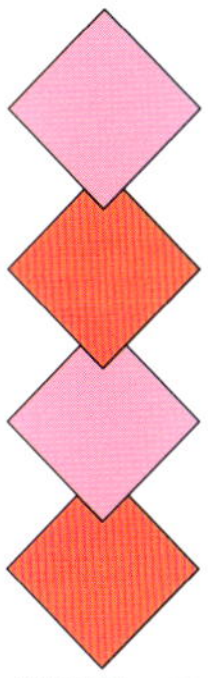

数枚貼ってできあがり

## 橘
① 3つに折る

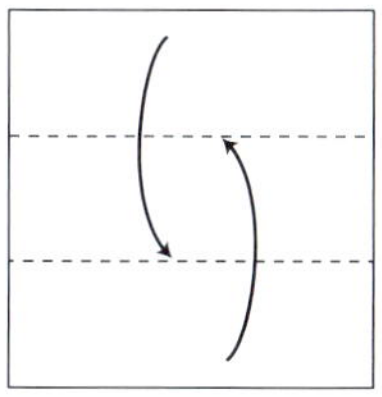

② 3つ作って図のように折る

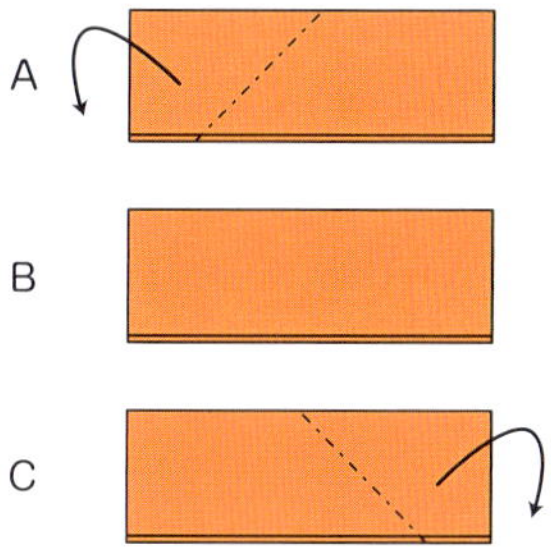

③ 3つを重ね合わせる

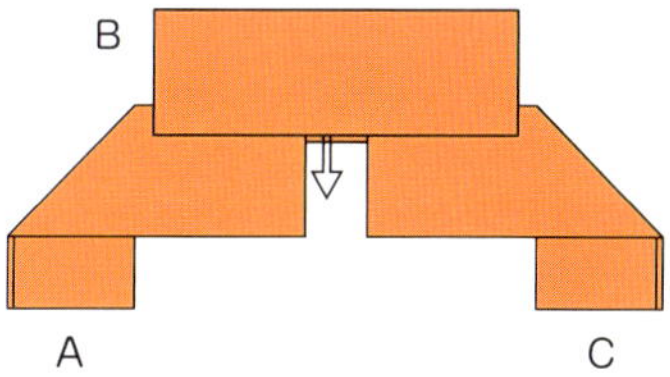

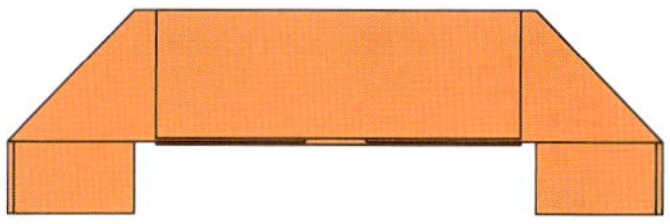

できあがり

7月

- - - - - 谷折り線　　- - - - - 山折り線　　裏返す　　向きを変える　　図を拡大する

# 7月 いろんな色のあさがおが咲いたよ

おひさまにっこり夏の朝、あさがおが花開く時です。
支柱は色画用紙を切って作ります。
つるはモールで動きを出しましょう。

太陽→太陽（p47）

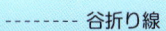

## あさがお　かぶとむし　くわがたむし

おまけ
7回折り

### 花
1. 中心に向かって折る
2. 向こう側に折る
3. 内側部分を折る

できあがり

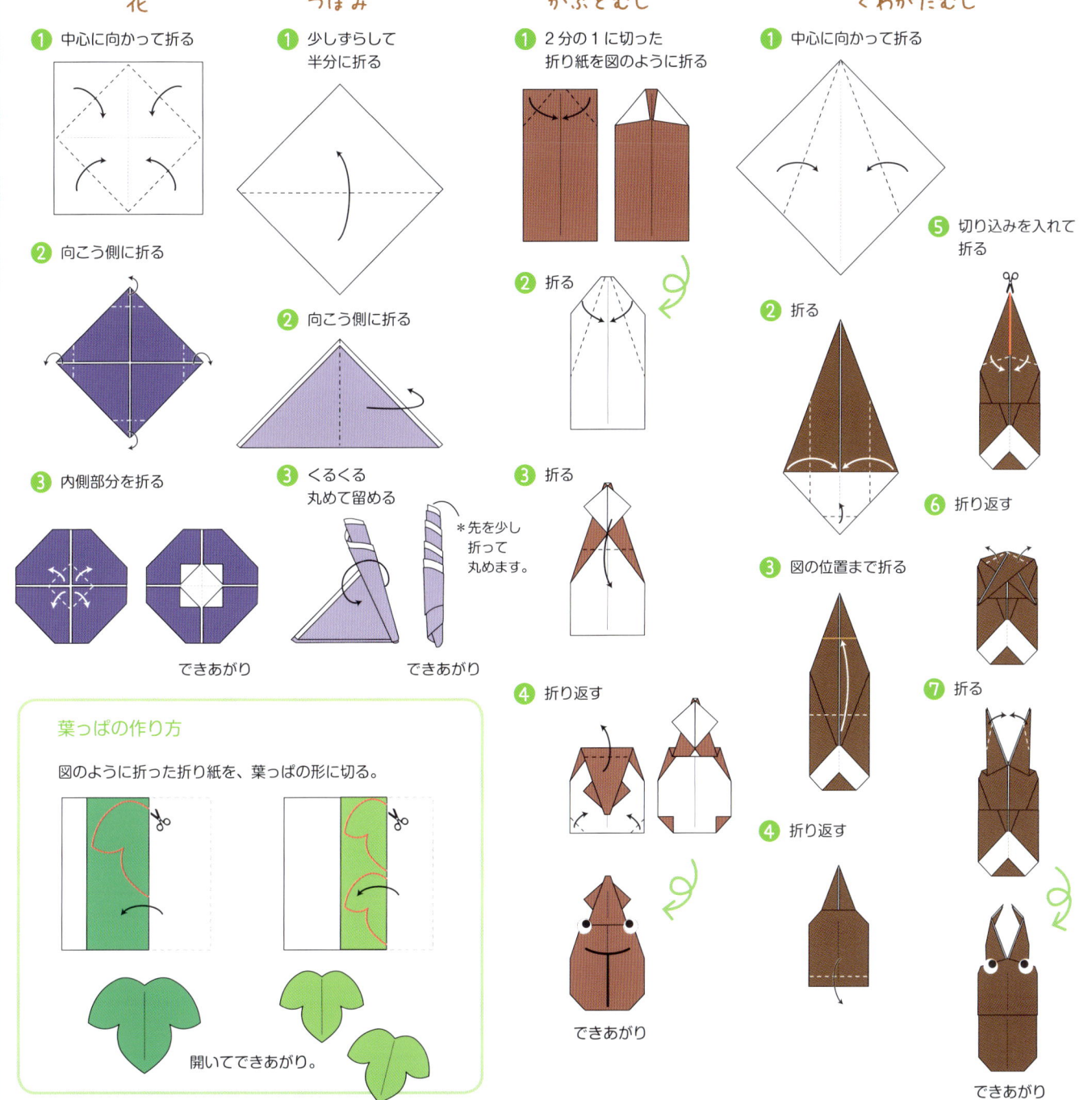

### つぼみ
1. 少しずらして半分に折る
2. 向こう側に折る
3. くるくる丸めて留める

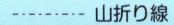

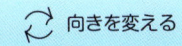

*先を少し折って丸めます。

できあがり

### かぶとむし
1. 2分の1に切った折り紙を図のように折る
2. 折る
3. 折る
4. 折り返す

できあがり

### くわがたむし
1. 中心に向かって折る
2. 折る
3. 図の位置まで折る
4. 折り返す
5. 切り込みを入れて折る
6. 折り返す
7. 折る

できあがり

### 葉っぱの作り方
図のように折った折り紙を、葉っぱの形に切る。

開いてできあがり。

-------- 谷折り線　　-------- 山折り線　　裏返す　　向きを変える　　図を拡大する

33

# 8月 おいしいすいか いただきま〜す

暑い夏の日、冷やしたすいかは格別です。
みんなでおいしくいただきましょう。
ビニール製のテーブルクロスを使うとリアルな感じに仕上がります。

| いぬ | ぶた | うさぎ |

## いぬの顔

1. 三角に折る
2. 折る
3. 折る

## ぶたの顔

3. まではいぬと同じ
4. 上の角を折る

折り紙で耳を切って貼り、顔を描いてできあがり

*[基本] 動物の顔B (p12〜13)

## うさぎの顔

3. まではいぬと同じ
4. 横の角を折る

## いぬ・ぶたの体

1. 中心に向かって折る
2. 折る

できあがり

## うさぎの体

1. 中心を少し空けて折る
2. 折る

すそが広がってスカートのような雰囲気になります。

できあがり

手は、折り紙を切って貼りましょう。

スカートにすると女の子らしく仕上がります。

8月

-------- 谷折り線　-------- 山折り線　裏返す　向きを変える　図を拡大する

## 8月 人魚の国へようこそ

キラキラ光る海の中、人魚や魚たちが楽しく暮らしています。
海は、エアーパッキングにスズランテープを重ねて作りましょう。
クラフト紙にくしゅっとしわを寄せると、岩のゴツゴツ感が出ます。

人魚の顔→ 基本 人の顔Aのアレンジ（p4）

人魚

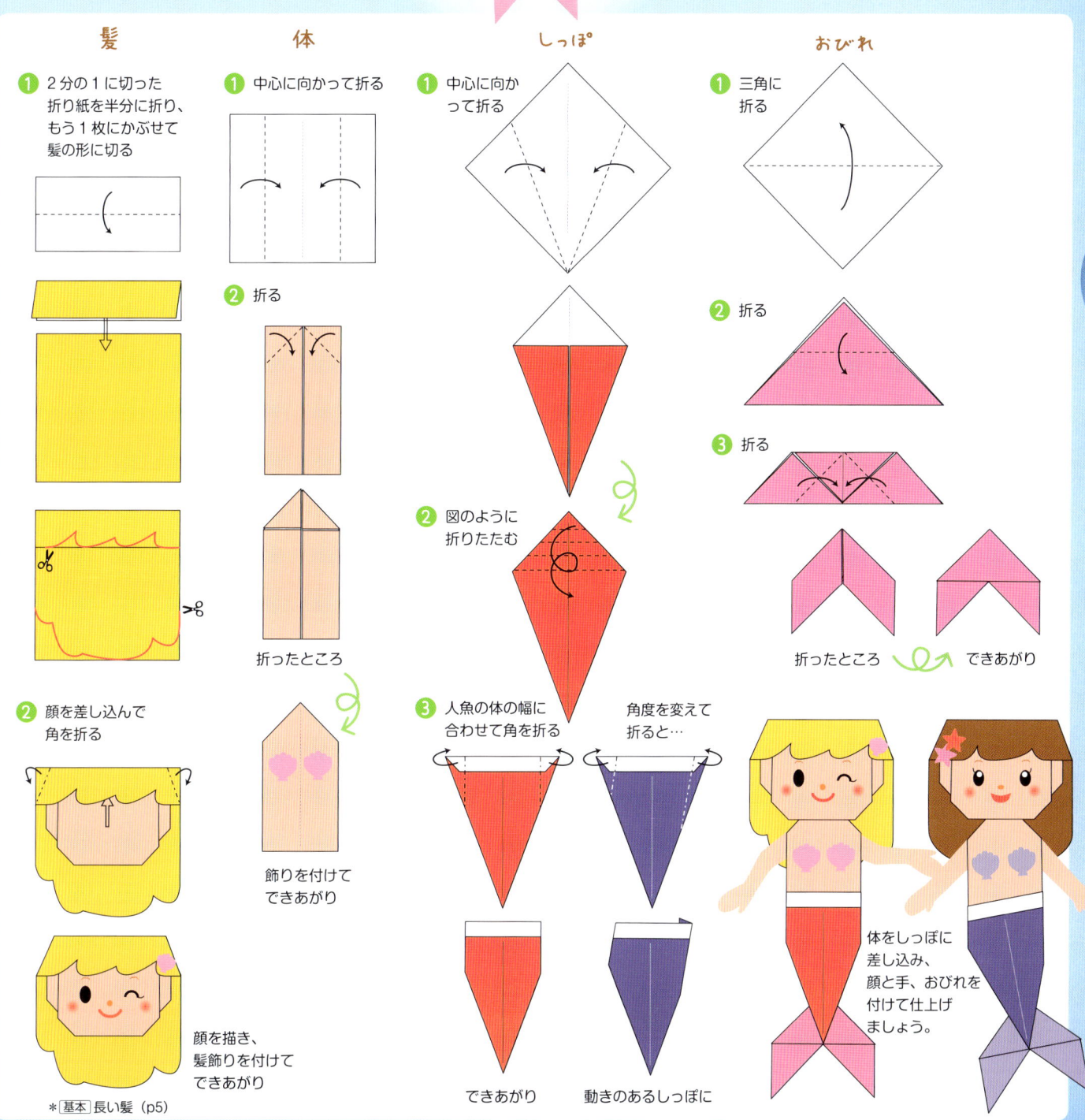

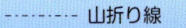

## 髪

1. 2分の1に切った折り紙を半分に折り、もう1枚にかぶせて髪の形に切る

2. 顔を差し込んで角を折る

顔を描き、髪飾りを付けてできあがり

*基本 長い髪（p5）

## 体

1. 中心に向かって折る

2. 折る

折ったところ

飾りを付けてできあがり

## しっぽ

1. 中心に向かって折る

2. 図のように折りたたむ

3. 人魚の体の幅に合わせて角を折る

角度を変えて折ると…

できあがり　動きのあるしっぽに

## おびれ

1. 三角に折る

2. 折る

3. 折る

折ったところ　できあがり

体をしっぽに差し込み、顔と手、おびれを付けて仕上げましょう。

8月

------ 谷折り線　------ 山折り線　🔄 裏返す　🔄 向きを変える　➡ 図を拡大する

39

## 魚①　魚②　魚③　魚④

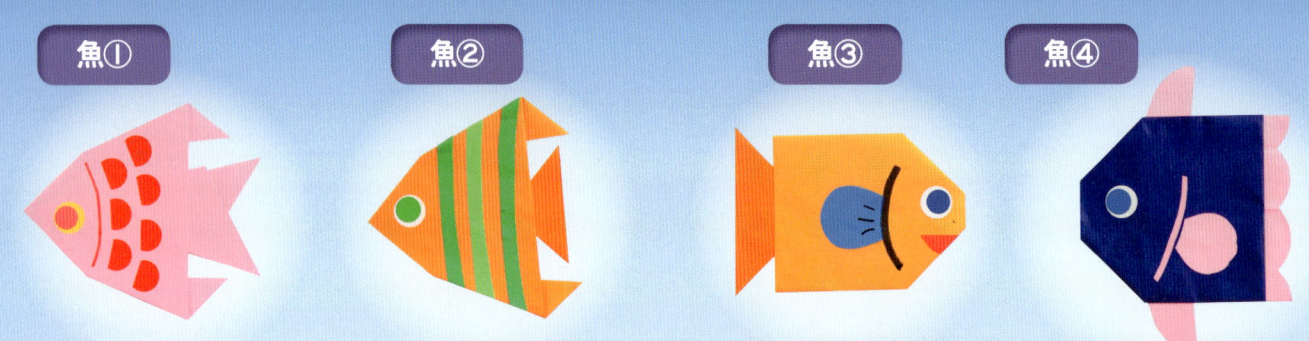

### 魚①・魚②

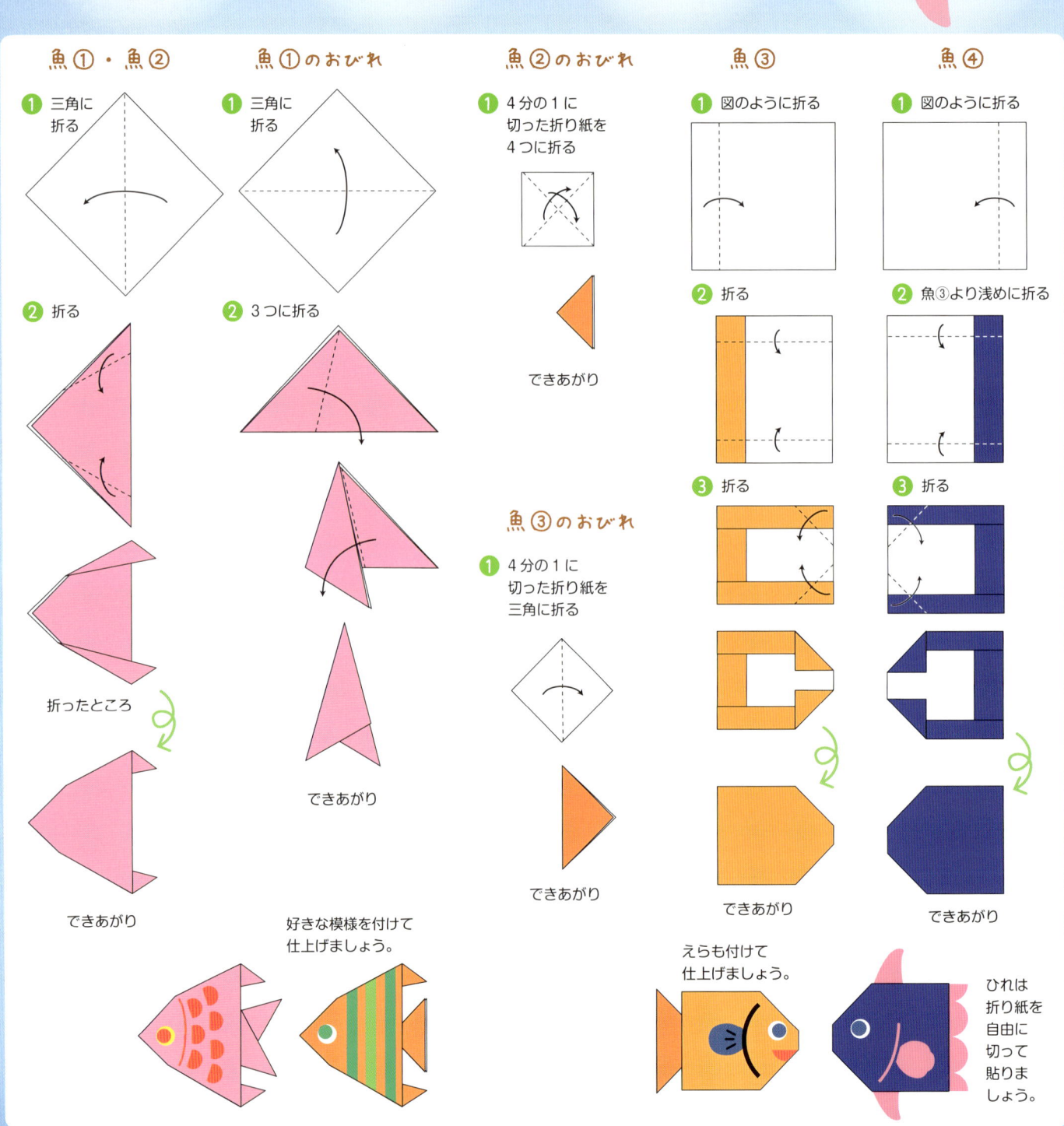

1. 三角に折る
2. 折る

折ったところ

できあがり

### 魚①のおびれ

1. 三角に折る
2. 3つに折る

できあがり

好きな模様を付けて仕上げましょう。

### 魚②のおびれ

1. 4分の1に切った折り紙を4つに折る

できあがり

### 魚③のおびれ

1. 4分の1に切った折り紙を三角に折る

できあがり

### 魚③

1. 図のように折る
2. 折る
3. 折る

できあがり

えらも付けて仕上げましょう。

### 魚④

1. 図のように折る
2. 魚③より浅めに折る
3. 折る

できあがり

ひれは折り紙を自由に切って貼りましょう。

------- 谷折り線　　------- 山折り線　　裏返す　　向きを変える　　図を拡大する

### たこ / いか / 貝 / 海そう

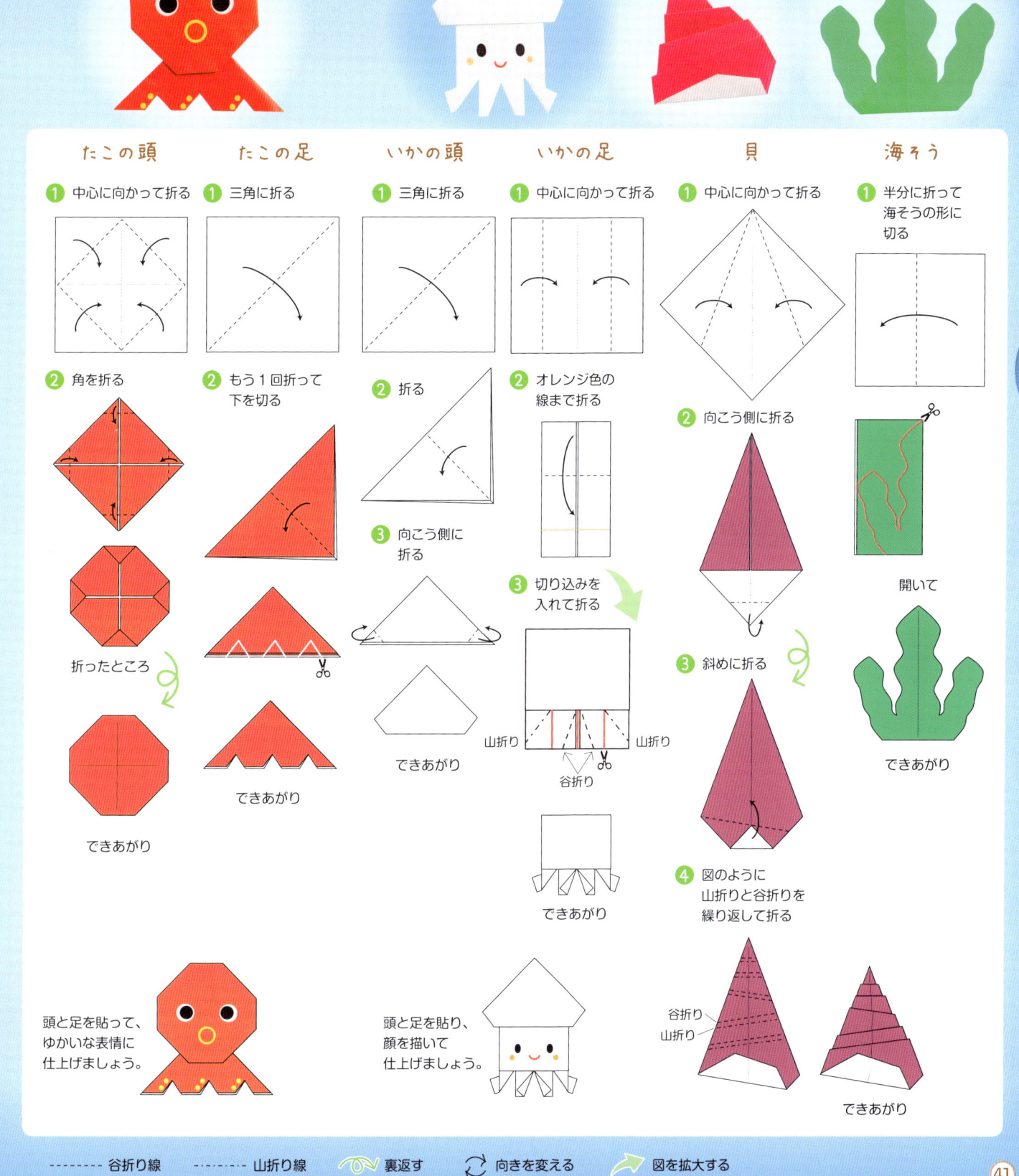

#### たこの頭
① 中心に向かって折る
② 角を折る
折ったところ
できあがり

#### たこの足
① 三角に折る
② もう1回折って下を切る
できあがり

頭と足を貼って、ゆかいな表情に仕上げましょう。

#### いかの頭
① 三角に折る
② 折る
③ 向こう側に折る
できあがり

#### いかの足
① 中心に向かって折る
② オレンジ色の線まで折る
③ 切り込みを入れて折る
山折り　谷折り　山折り
できあがり

頭と足を貼り、顔を描いて仕上げましょう。

#### 貝
① 中心に向かって折る
② 向こう側に折る
③ 斜めに折る
④ 図のように山折りと谷折りを繰り返して折る
谷折り
山折り
できあがり

#### 海そう
① 半分に折って海そうの形に切る
開いて
できあがり

8月

-------- 谷折り線　　-------- 山折り線　　裏返す　　向きを変える　　図を拡大する

41

# 8月 ひまわり畑でやっほ～

ひまわり畑を見て、思わず駆け出した女の子。
「こっちよ～」と男の子を呼ぶ声が聞こえそう。
外に出かけるときはぼうしを忘れずに、ね。

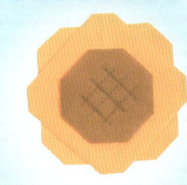

男の子・女の子→基本 人の顔A (p4) ＋ 髪 (p5) ＋ 洋服 (p7)

## ひまわり

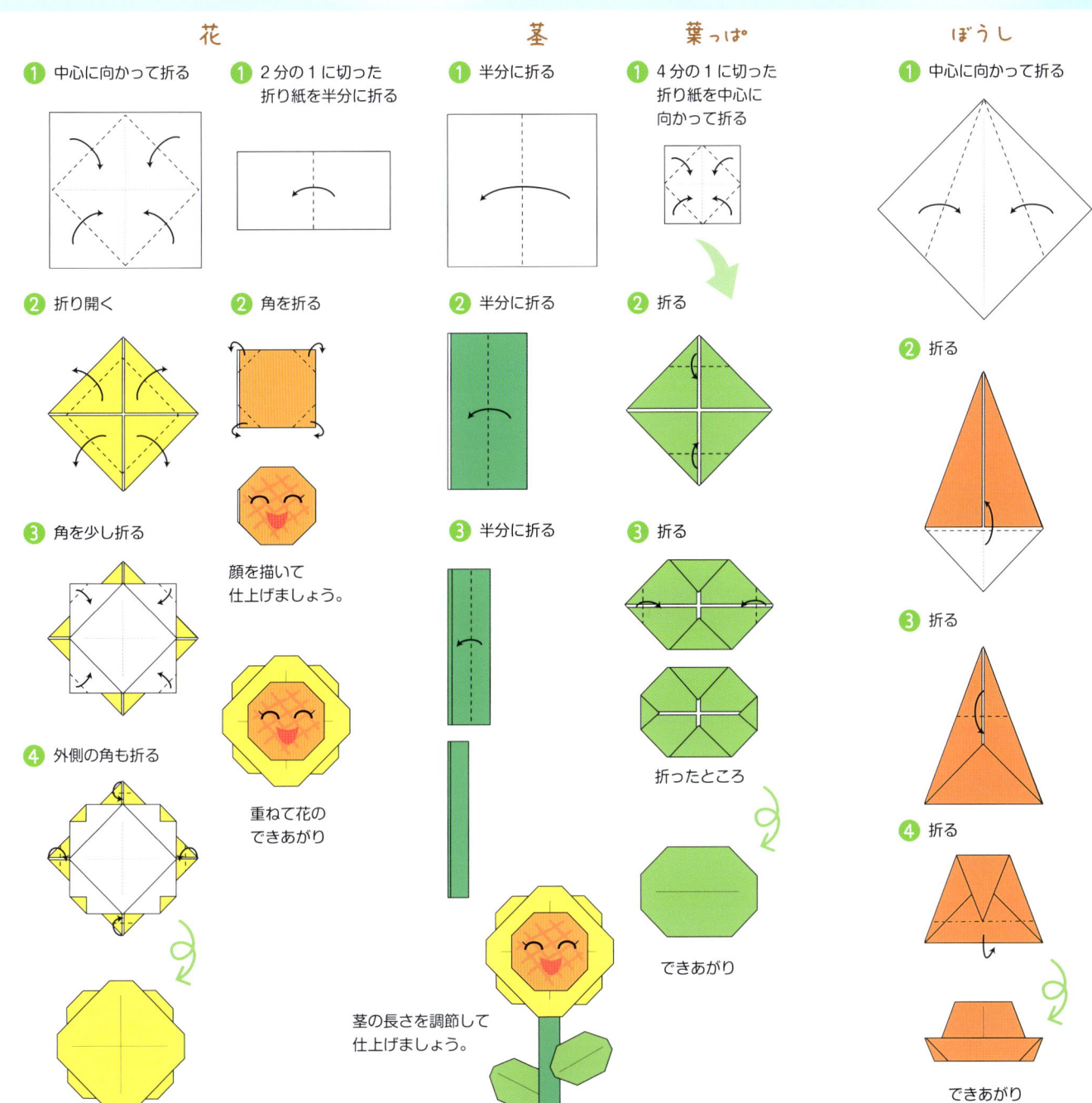

## 男の子

### 花

1. 中心に向かって折る
2. 折り開く
3. 角を少し折る
4. 外側の角も折る

できあがり

1. 2分の1に切った折り紙を半分に折る
2. 角を折る

顔を描いて仕上げましょう。

重ねて花のできあがり

### 茎

1. 半分に折る
2. 半分に折る
3. 半分に折る

茎の長さを調節して仕上げましょう。

### 葉っぱ

1. 4分の1に切った折り紙を中心に向かって折る
2. 折る
3. 折る

折ったところ

できあがり

### ぼうし

1. 中心に向かって折る
2. 折る
3. 折る
4. 折る

できあがり

8月

-------- 谷折り線　-------- 山折り線　裏返す　向きを変える　図を拡大する

43

# 9月 みんなでお月見 楽しいね♪

十五夜お月さまが、山の上にまんまるお顔を出しました。
動物たちのお月見の始まりです。
山は遠くの方を濃い色にすると、遠近感が出ます。

## きつね

## おだんご

### きつねの顔

1. 三角に折る
2. 折る
3. 辺に合わせて折る

折ったところ

顔を描いて
できあがり

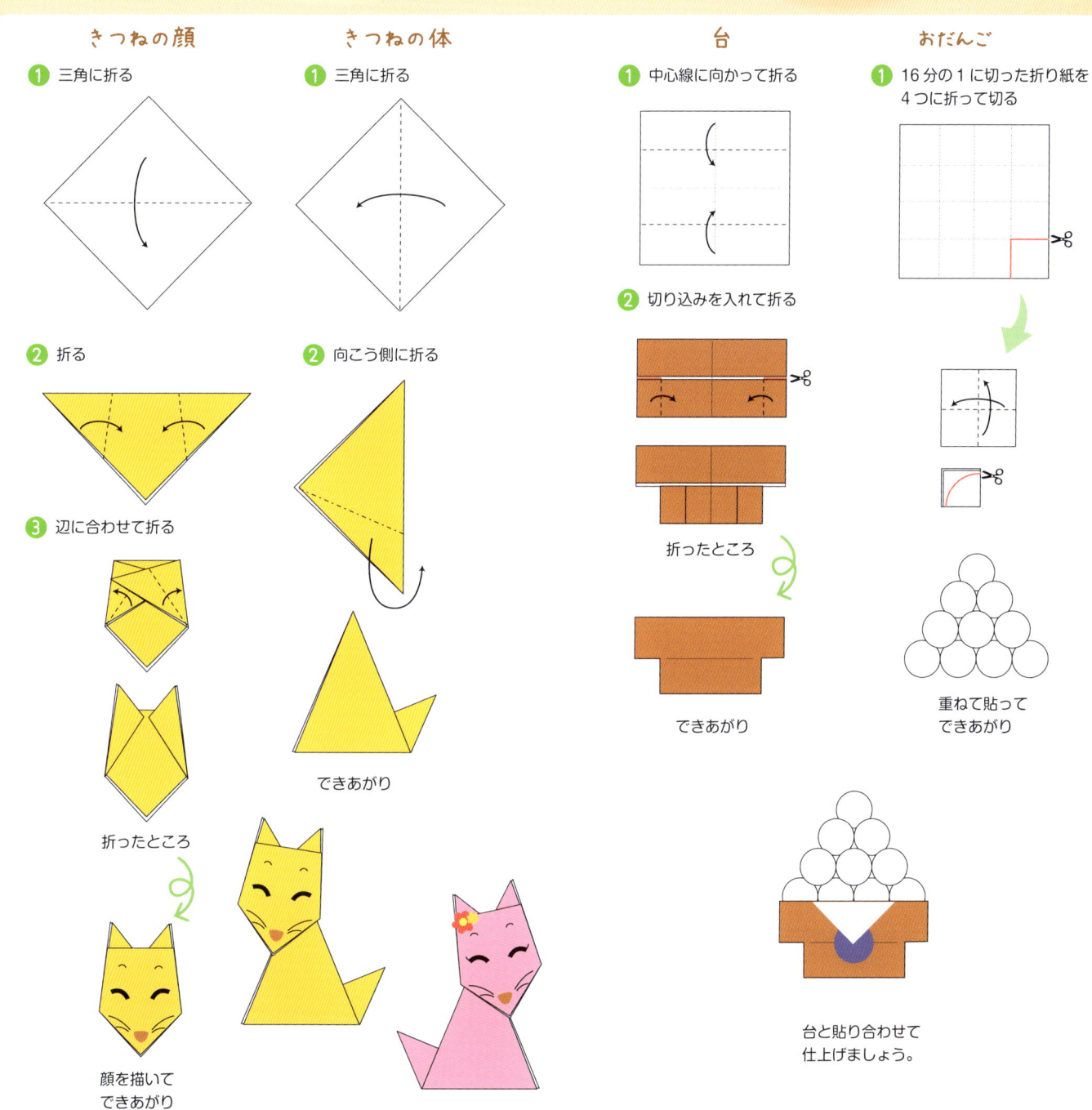

* 基本 動物の顔A (p9)

### きつねの体

1. 三角に折る
2. 向こう側に折る

できあがり

髪飾りを付けて、女の子に。

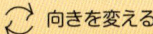

### 台

1. 中心線に向かって折る
2. 切り込みを入れて折る

折ったところ

できあがり

### おだんご

1. 16分の1に切った折り紙を4つに折って切る

重ねて貼って
できあがり

台と貼り合わせて
仕上げましょう。

9月

-------- 谷折り線　-------- 山折り線　裏返す　向きを変える　図を拡大する

45

| たぬき | | | すすき |

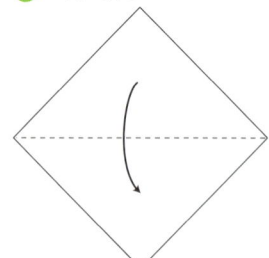

## 顔
① 三角に折る
② 図のように折る
③ 折り返す
④ 角を折る
⑤ 下を折る

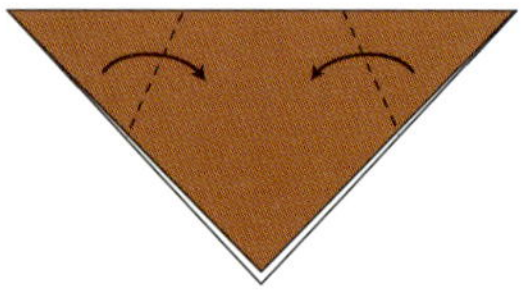

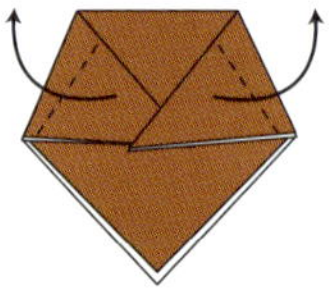

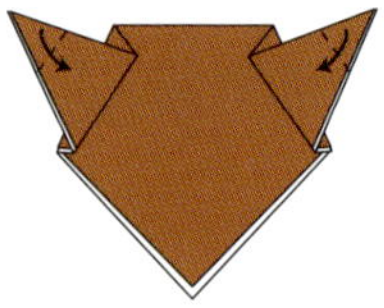

顔を付けてできあがり
*基本 動物の顔A（p10）

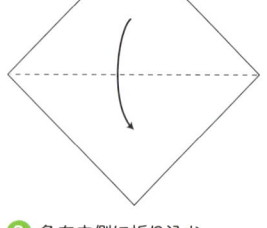

## 女の子の体
① 三角に折る
② 角を内側に折り込む
③ 折る
④ 向こう側に折る

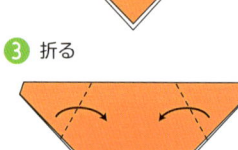

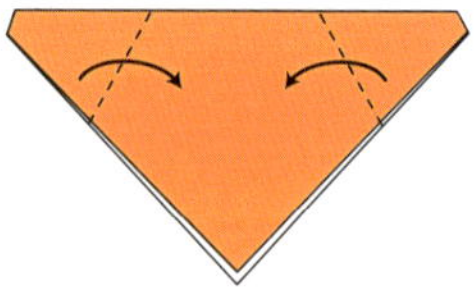

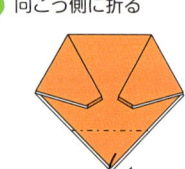

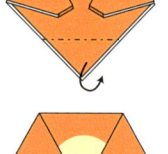

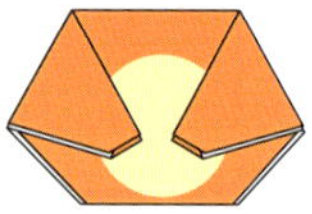

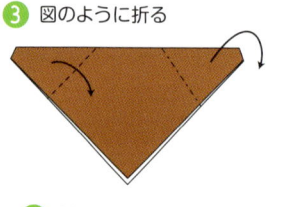

お腹の模様を付けてできあがり

女の子の顔は
角をもうひと折りすると
やわらかい表情に

## 男の子の体
② までは女の子と同じ
③ 図のように折る
④ 折る

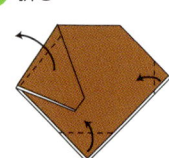

折ったところ

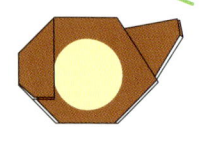

お腹の模様を付けてできあがり

## すすき
① 図のようにじゃばら折りにする（16等分くらい）

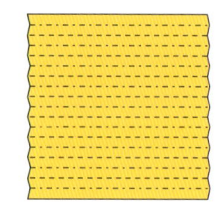

テープで留めて…

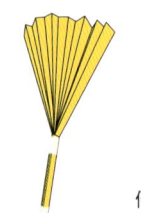

できあがり

何本か作って
山と山の間に
立てましょう。

手の折り方をいろいろ
変えると動きが出ます！

楽しい雰囲気に
仕上げましょう。

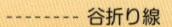

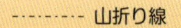

------ 谷折り線　　------ 山折り線　　裏返す　　向きを変える　　図を拡大する

# 同じ折り方でできる作品

折り方は同じでも、色などを変えると全く違った作品になります。その楽しい例を紹介します。

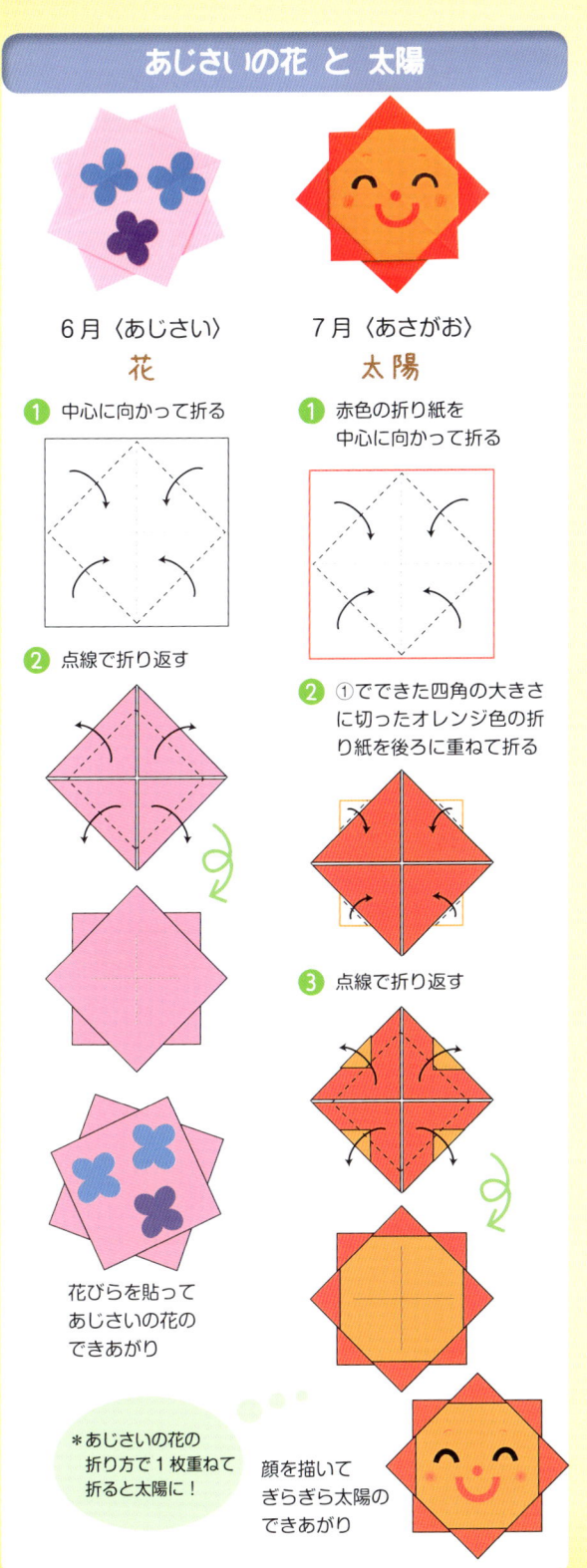

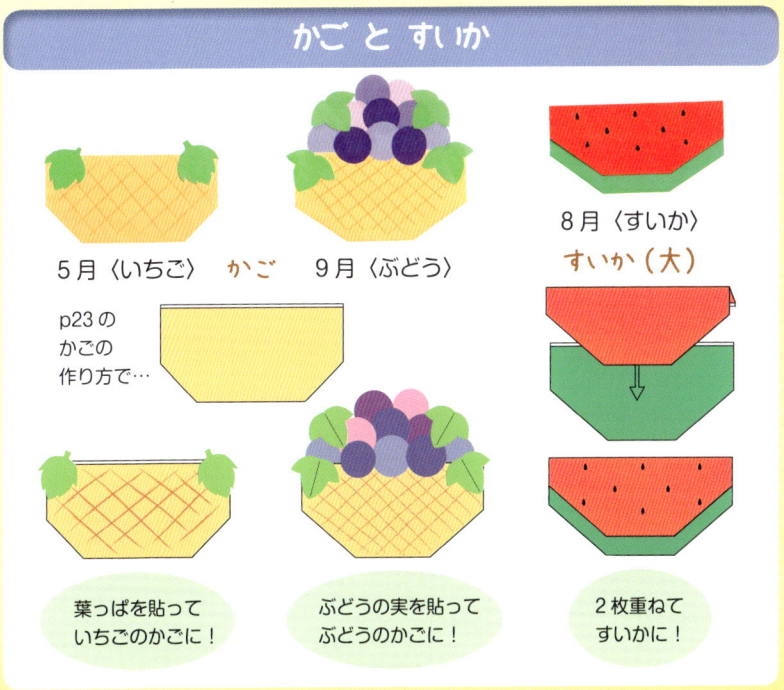

## あじさいの花 と 太陽

6月〈あじさい〉
花

① 中心に向かって折る

② 点線で折り返す

花びらを貼って
あじさいの花の
できあがり

＊あじさいの花の
折り方で1枚重ねて
折ると太陽に！

7月〈あさがお〉
太陽

① 赤色の折り紙を
中心に向かって折る

② ①でできた四角の大きさ
に切ったオレンジ色の折
り紙を後ろに重ねて折る

③ 点線で折り返す

顔を描いて
きらきら太陽の
できあがり

## 桜 と 橘・桃 と ひまわり

4月〈桜〉
小さい桜

3月〈おひなさま〉
橘・桃

8月〈ひまわり〉
花

p17の小さい桜から…

＊色や花びらを
変えると…
橘や桃に！

＊角を折る部分を
少しにすると…
ひまわりに！

9月

## かご と すいか

5月〈いちご〉　かご　9月〈ぶどう〉

8月〈すいか〉
すいか（大）

p23の
かごの
作り方で…

葉っぱを貼って
いちごのかごに！

ぶどうの実を貼って
ぶどうのかごに！

2枚重ねて
すいかに！

-------- 谷折り線　　-------- 山折り線　　裏返す　　向きを変える　　図を拡大する

47

# 9月 つやつやぶどう おいしそう!

実りの秋。ぶどうが豊かに実りました。
大きなかごを持って、ぶどう狩りです。
ぶどうのつるは、紙テープをねじって仕上げます。

うさぎ・くま・りすの顔→[基本]動物の顔A（p9～11） りすの体→[基本]動物の体（p8）

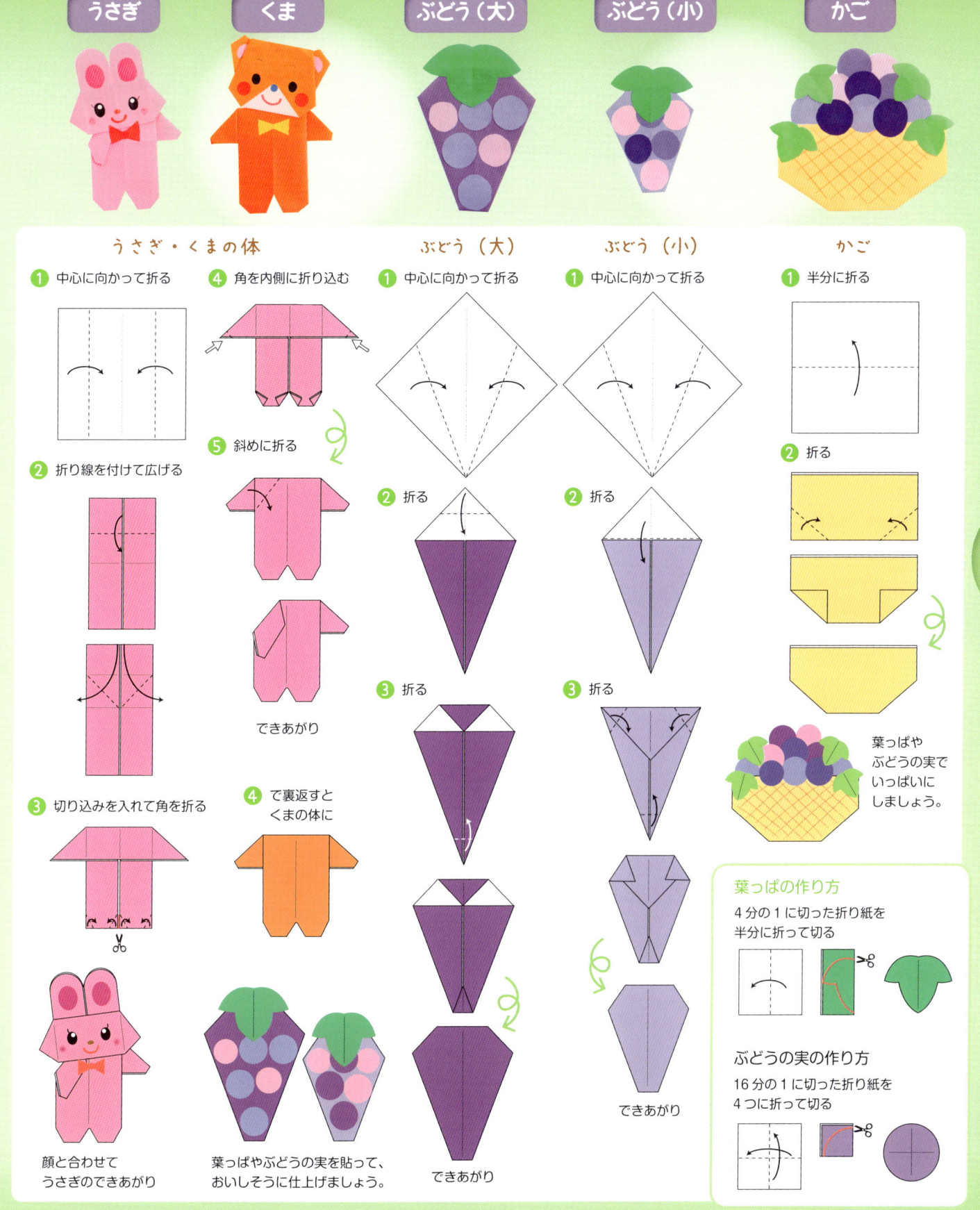

| うさぎ | くま | ぶどう（大） | ぶどう（小） | かご |

## うさぎ・くまの体

1. 中心に向かって折る
2. 折り線を付けて広げる
3. 切り込みを入れて角を折る
4. 角を内側に折り込む
5. 斜めに折る

できあがり

4. で裏返すとくまの体に

顔と合わせてうさぎのできあがり

葉っぱやぶどうの実を貼って、おいしそうに仕上げましょう。

## ぶどう（大）

1. 中心に向かって折る
2. 折る
3. 折る

できあがり

## ぶどう（小）

1. 中心に向かって折る
2. 折る
3. 折る

できあがり

## かご

1. 半分に折る
2. 折る

葉っぱやぶどうの実でいっぱいにしましょう。

### 葉っぱの作り方
4分の1に切った折り紙を半分に折って切る

### ぶどうの実の作り方
16分の1に切った折り紙を4つに折って切る

9月

-------- 谷折り線　……… 山折り線　裏返す　向きを変える　図を拡大する

49

## 10月 赤組白組どちらもがんばれ〜!

待ちに待った運動会! 紅白に分かれて玉入れの始まりです。
きりん先生の声援も響きます。
万国旗のロープは、綿ひもを使ってきれいな曲線を作りましょう。

## きりん

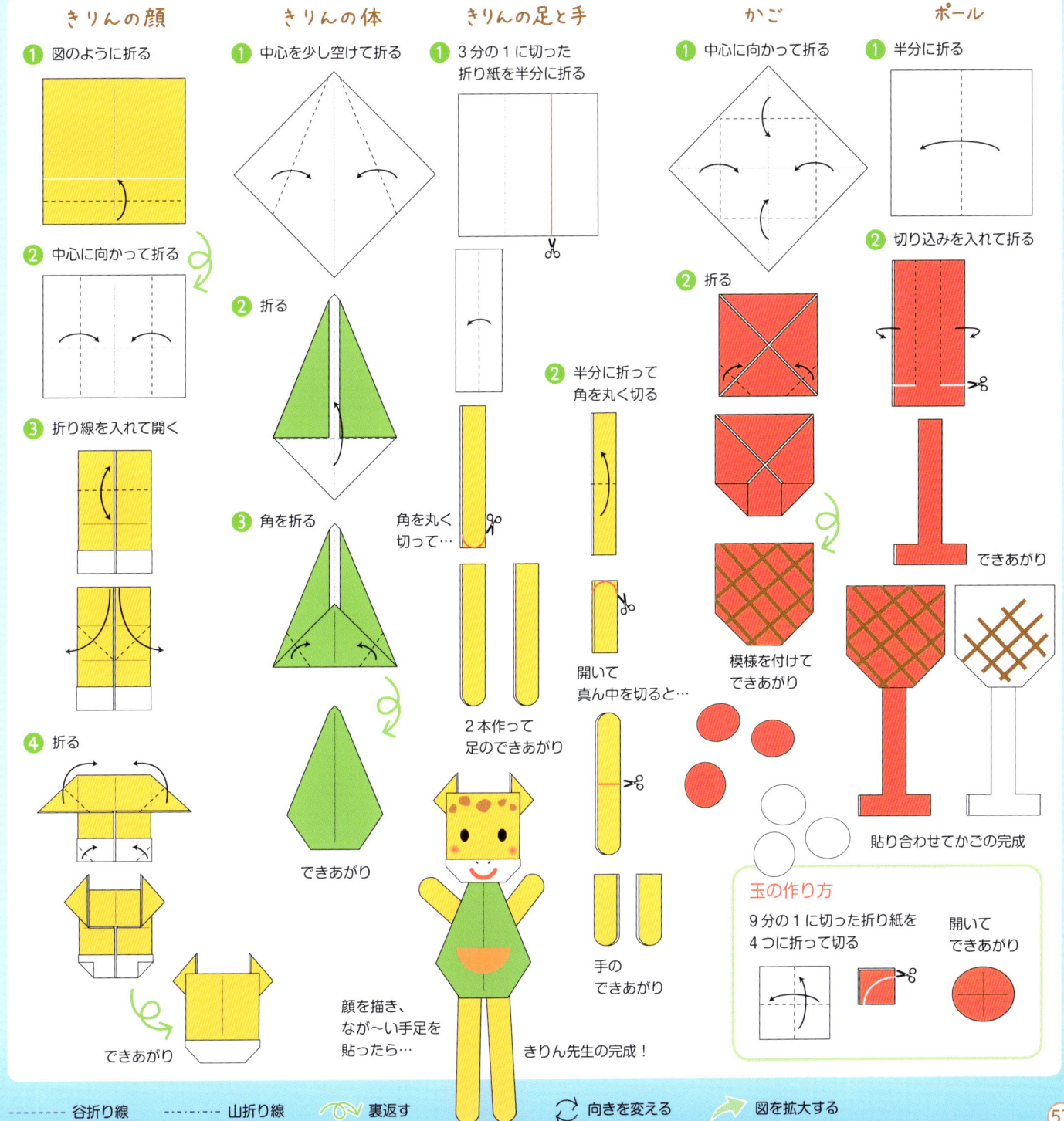

## かご

### きりんの顔

① 図のように折る

② 中心に向かって折る

③ 折り線を入れて開く

④ 折る

できあがり

### きりんの体

① 中心を少し空けて折る

② 折る

③ 角を折る

できあがり

### きりんの足と手

① 3分の1に切った折り紙を半分に折る

② 半分に折って角を丸く切る

角を丸く切って…

2本作って足のできあがり

開いて真ん中を切ると…

手のできあがり

顔を描き、なが〜い手足を貼ったら…

きりん先生の完成！

### かご

① 中心に向かって折る

② 折る

模様を付けてできあがり

貼り合わせてかごの完成

**玉の作り方**
9分の1に切った折り紙を4つに折って切る

開いてできあがり

### ポール

① 半分に折る

② 切り込みを入れて折る

できあがり

10月

-------- 谷折り線　-------- 山折り線　裏返す　向きを変える　図を拡大する

51

# 動物たち

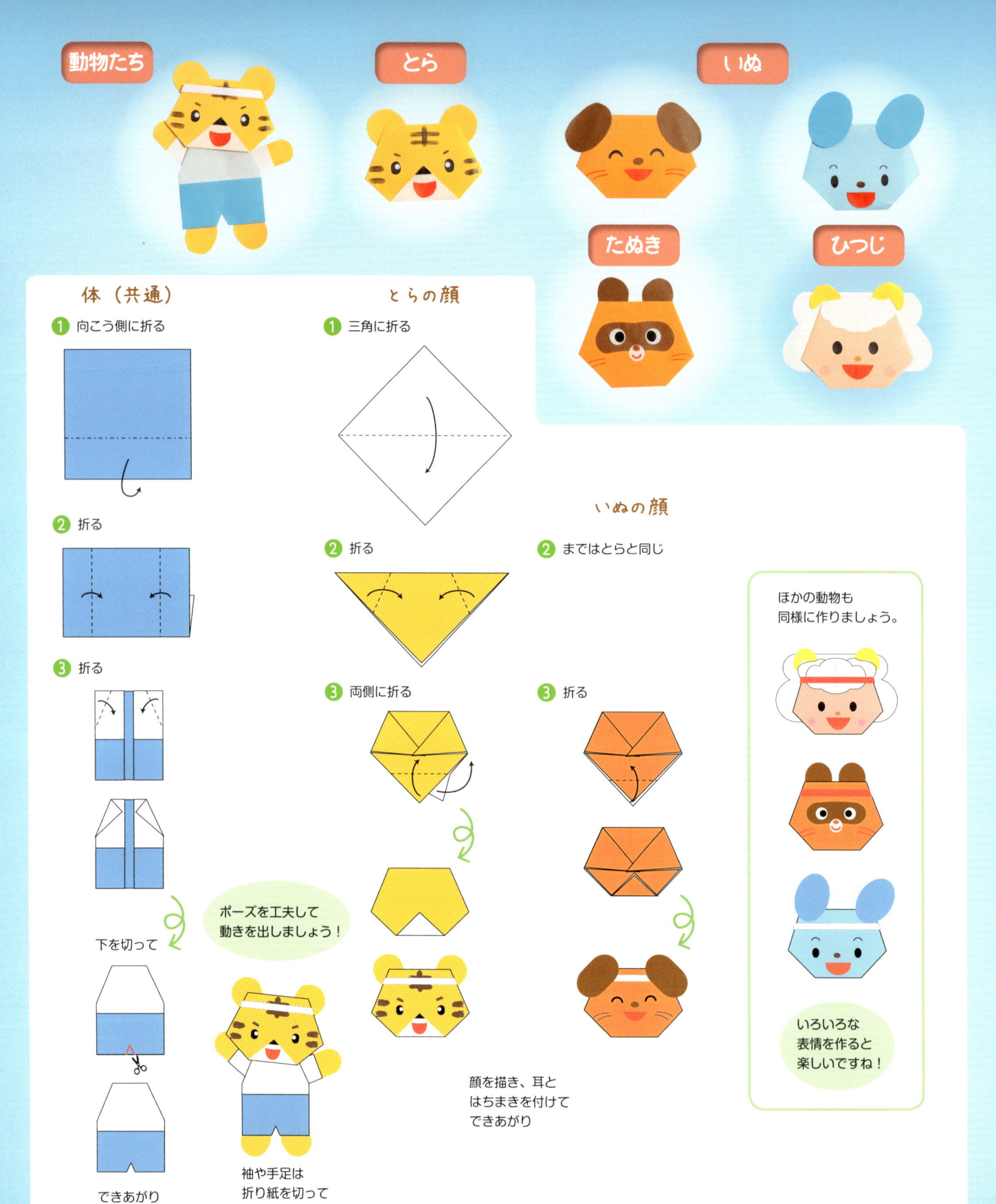

## とら
## いぬ
## たぬき
## ひつじ

### 体（共通）

1. 向こう側に折る
2. 折る
3. 折る

下を切って

できあがり

### とらの顔

1. 三角に折る
2. 折る
3. 両側に折る

ポーズを工夫して動きを出しましょう！

袖や手足は折り紙を切って貼りましょう。

### いぬの顔

2. まではとらと同じ
3. 折る

顔を描き、耳とはちまきを付けてできあがり

＊ 基本 動物の顔B（p12）

ほかの動物も同様に作りましょう。

いろいろな表情を作ると楽しいですね！

-------- 谷折り線　　-------- 山折り線　　裏返す　　向きを変える　　図を拡大する

## ひよこ　うさぎ　ねずみ　万国旗

### ひよこの顔
1. 三角に折る
2. 折る
3. 折る
4. 上の角を折る

### うさぎの顔
3. まではひよこと同じ
4. 横の角を折る

顔を描き、耳とはちまきを付けてできあがり

*基本 動物の顔B(p13)

### ねずみの顔
1. はひよこと同じ
2. 折る
3. 折る
4. 4つの角を折る

### 旗
3分の1に切った折り紙を半分に折る

模様を付けてできあがり

#### アレンジ
切って形を変えたりして賑やかな旗を作りましょう。

ひもにはさみ、貼り合わせて仕上げます。

楽しそうな万国旗に！

10月

-------- 谷折り線　-------- 山折り線　裏返す　向きを変える　図を拡大する

53

# 10月 ハロウィンの夜

魔女の館にはおばけがいーっぱい！
おばけかぼちゃを飾ってお祝いしましょう。
おかしを散りばめれば、「トリック・オア・トリート」の声が聞こえてきそうです。

## 魔女

### 顔

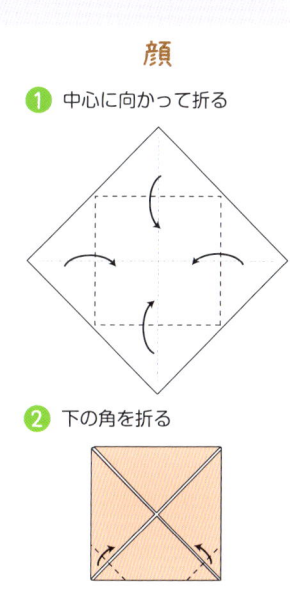

1. 中心に向かって折る
2. 下の角を折る
3. 上下を折る 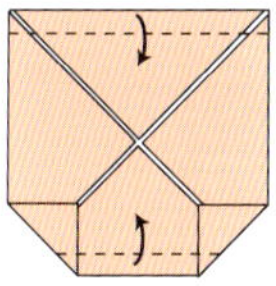
4. 角を折る

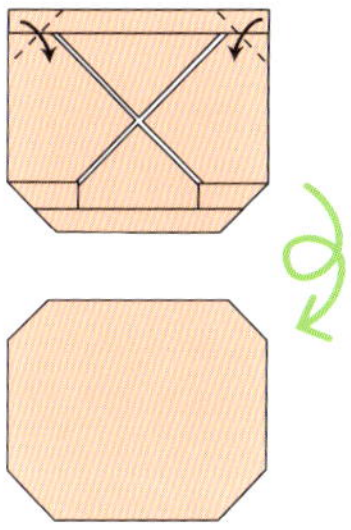

できあがり　*[基本]人の顔A (p4)

顔を描き、髪を付けてかわいい魔女に

*髪は[基本]髪(p5)を参考に作りましょう。

### マント

1. 中心に向かって折る 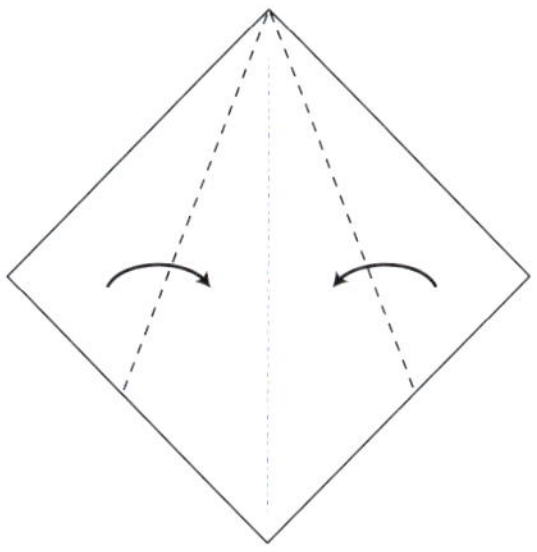
2. 折り開く

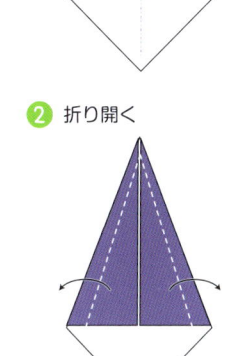

折ったところ

できあがり

顔をマントに貼り、折り紙で手を付けましょう。

*ぼうしはp56のぼうしと同じです。

## ほうき

1. 半分に折る 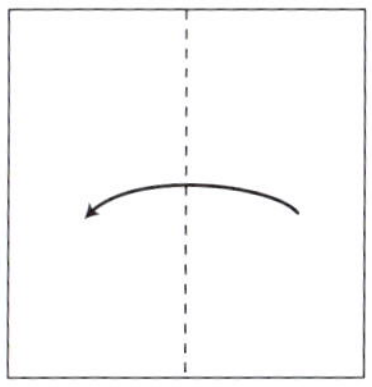
2. 切り込みを入れて折る
3. 折る

折ったところ

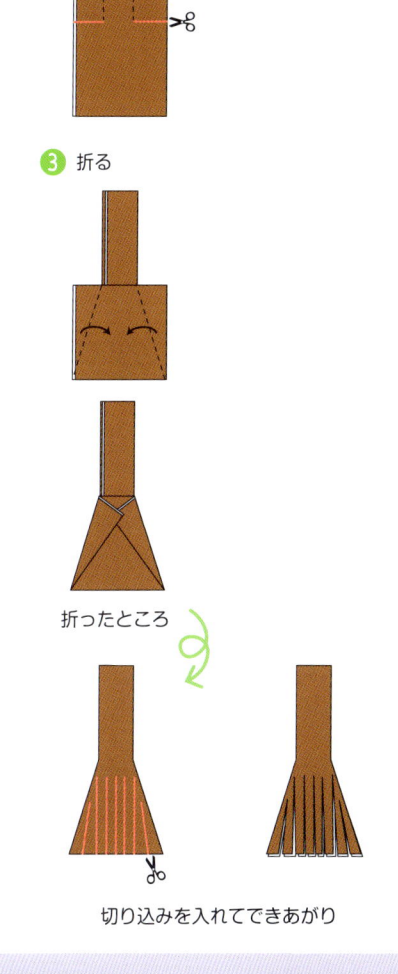

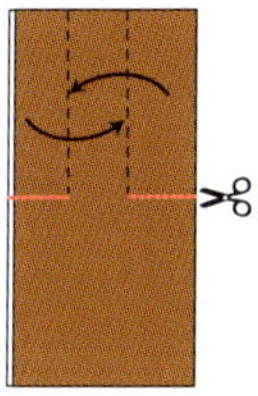

切り込みを入れてできあがり

10月

-------- 谷折り線　　-------- 山折り線　　裏返す　　向きを変える　　図を拡大する

## おばけかぼちゃ / ぼうし

### おばけかぼちゃ

1. オレンジ色の線まで折る 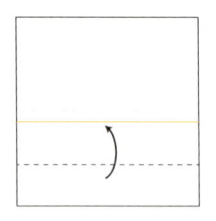
2. 折る

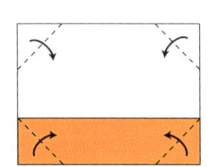

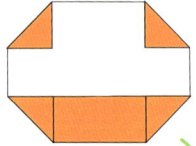

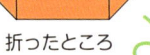

折ったところ

顔を描いてできあがり

かぼちゃの模様もペンで描きましょう。

### ぼうし

1. 中心に向かって折る 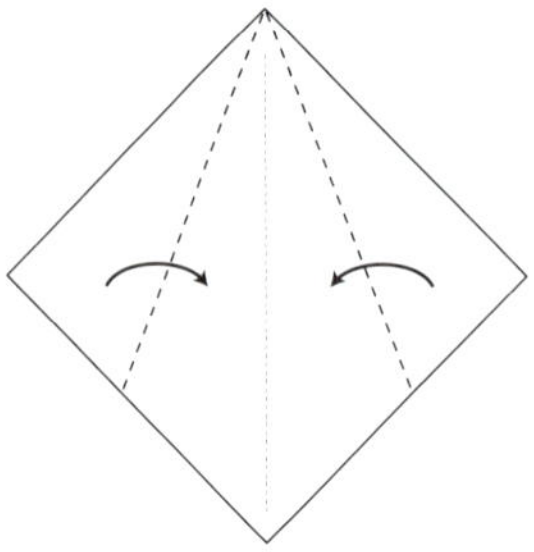
2. 折って中に入れる

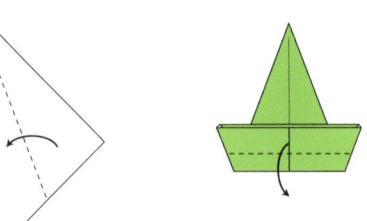

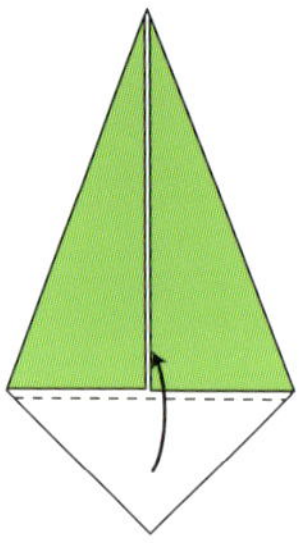

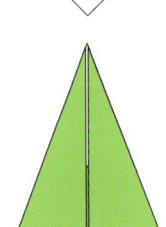

折ったところ

3. 折る 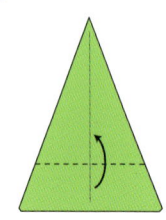
4. 折り返す
5. 角を折る

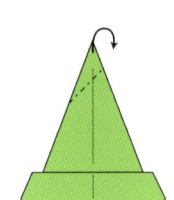

できあがり

ぼうしをかぶせて楽しいおばけかぼちゃに！

---

- ------ 谷折り線
- ------ 山折り線
- 裏返す
- 向きを変える
- 図を拡大する

## おばけ / 魔女の館

### おばけ

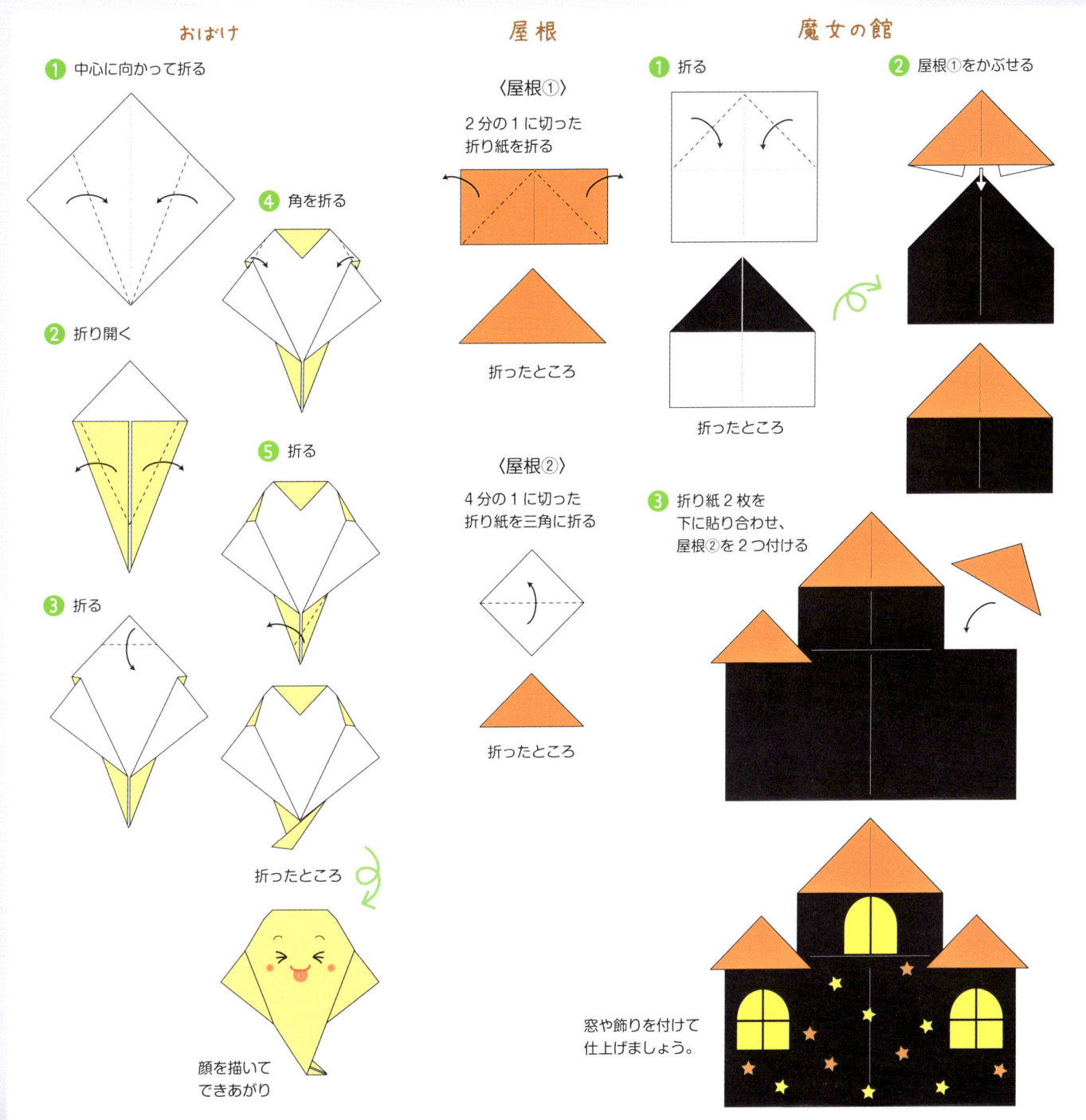

1. 中心に向かって折る
2. 折り開く
3. 折る
4. 角を折る
5. 折る

折ったところ

顔を描いてできあがり

### 屋根

〈屋根①〉
2分の1に切った折り紙を折る

折ったところ

〈屋根②〉
4分の1に切った折り紙を三角に折る

折ったところ

### 魔女の館

1. 折る
2. 屋根①をかぶせる
3. 折り紙2枚を下に貼り合わせ、屋根②を2つ付ける

折ったところ

窓や飾りを付けて仕上げましょう。

10月

-------- 谷折り線　　-------- 山折り線　　裏返す　　向きを変える　　図を拡大する

## 11月 おっきなおいもが掘れちゃった♪

よいしょ、こらしょ。わあ、大きなおいも！
もぐらも驚いて顔を出したよ。
土の部分は、紙ひもを開いたものを重ねて作ります。

いぬ・ねこの顔→基本 動物の顔A（p9～10）　いぬ・ねずみ・ねこの体→基本 動物の体（p8）

| ねずみ | もぐら | いも | 葉っぱ |

## ねずみの顔

1. 中心に向かって折る 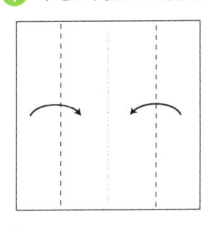
2. オレンジ色の線まで折る 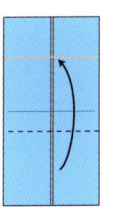
3. 上を丸く切って手前の角を折る

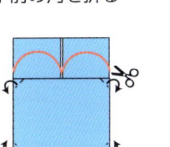

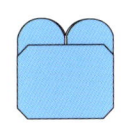

顔を描いてできあがり

楽しそうに仕上げましょう。

## もぐら

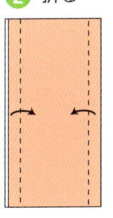

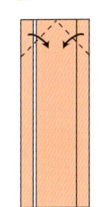

1. 半分に折る 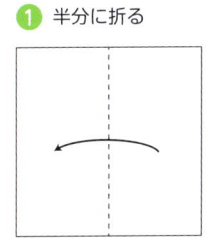
2. 折る
3. 折る
4. 折る

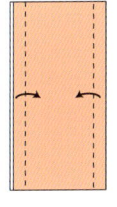

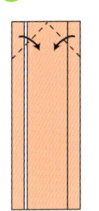

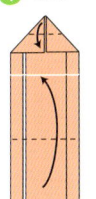

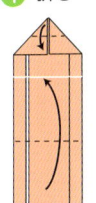

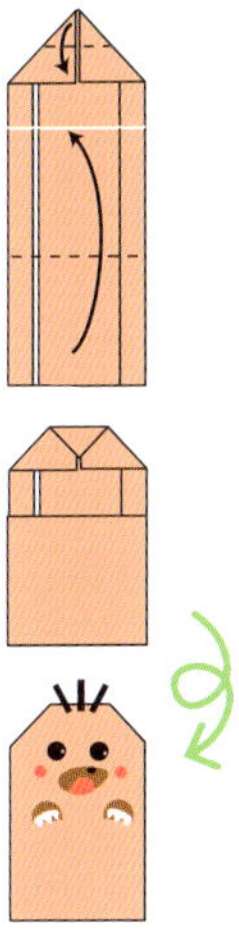

顔を描いてできあがり

## いも（大）

1. 図のように折る

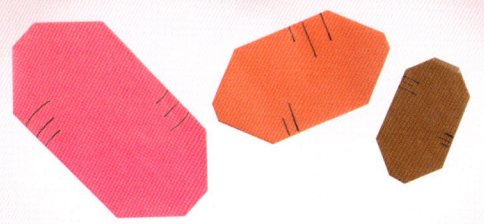

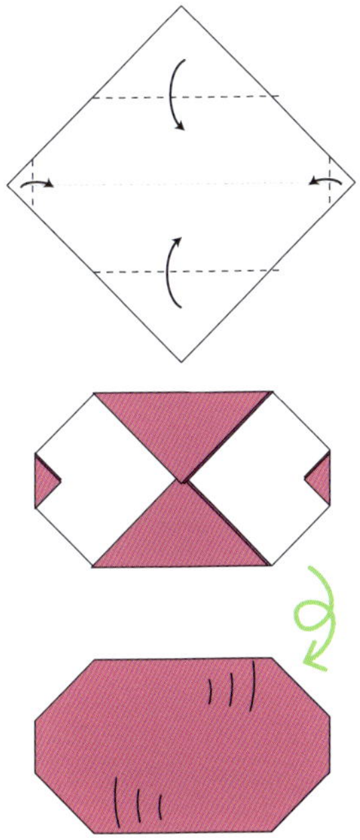

できあがり

## いも（中）

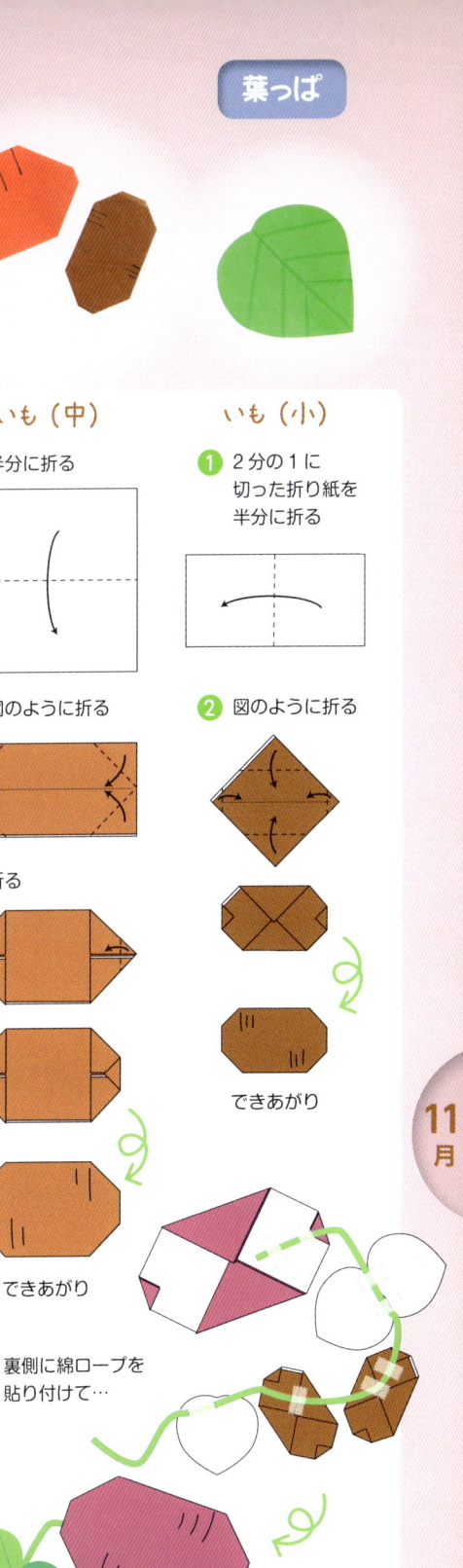

1. 半分に折る
2. 図のように折る
3. 折る

できあがり

## いも（小）

1. 2分の1に切った折り紙を半分に折る
2. 図のように折る

できあがり

## 葉っぱの作り方

4分の1に切った折り紙を半分に折って、葉っぱの形に切る。

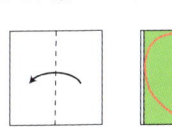

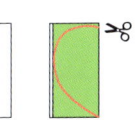

開いて葉脈を描いたらできあがり。

裏側に綿ロープを貼り付けて…

ダイナミックに仕上げましょう。

11月

-------- 谷折り線　　-------- 山折り線　　裏返す　　向きを変える　　図を拡大する

# 11月 落ち葉のぶらんこ楽しいね

風に乗ってぶらんこをゆら〜ん。
カサカサ音をたてる折り紙は、まるで落ち葉そのもの。
ぶらんこの綱は、柔らかい綿ひもを使って作りましょう。

りす　くま 　うさぎ

## りすの顔

1. 三角に折る 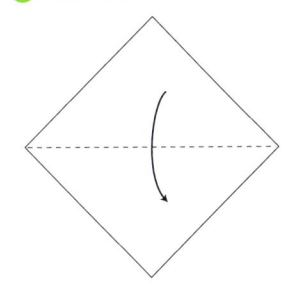
2. 折る 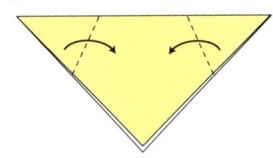
3. 折る

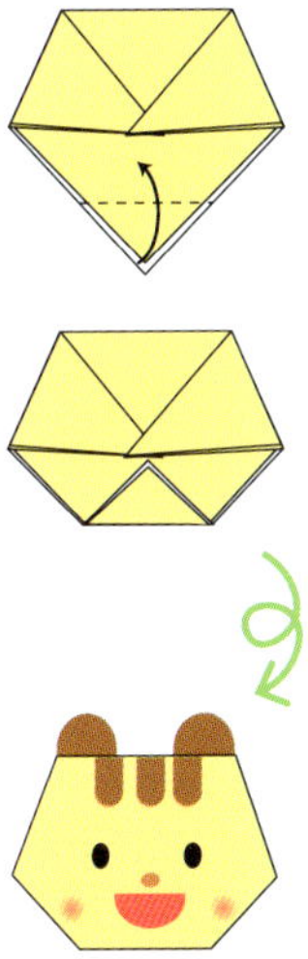

## くまの顔

3. まではりすと同じ
4. 上の角を折る

顔を描き、耳を付けてできあがり

*[基本] 動物の顔B（p12〜13）

## うさぎの顔

3. まではりすと同じ
4. 横の角を折る

## 体（共通）

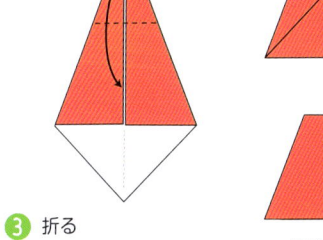

1. 中心に向かって折る 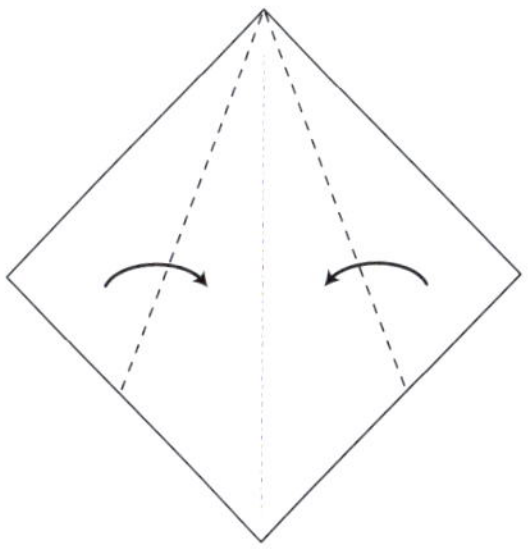
2. 図のように折る 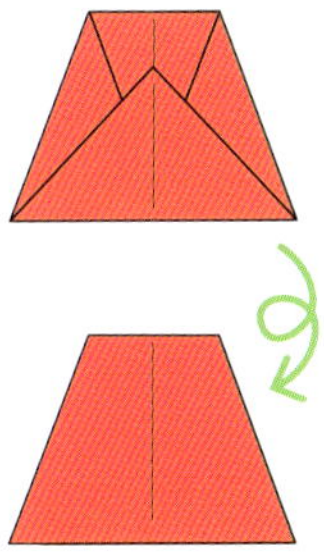
3. 折る

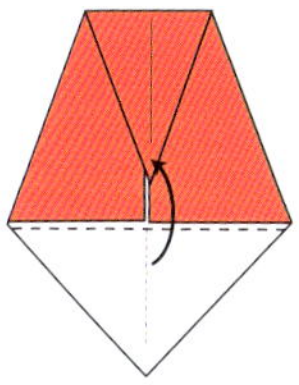

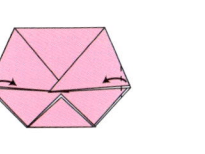

できあがり

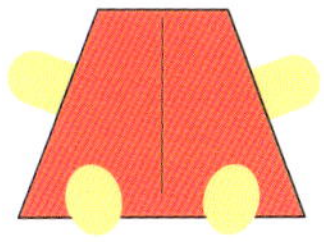

手や足を付けて仕上げましょう。

*[基本] 洋服（p7）

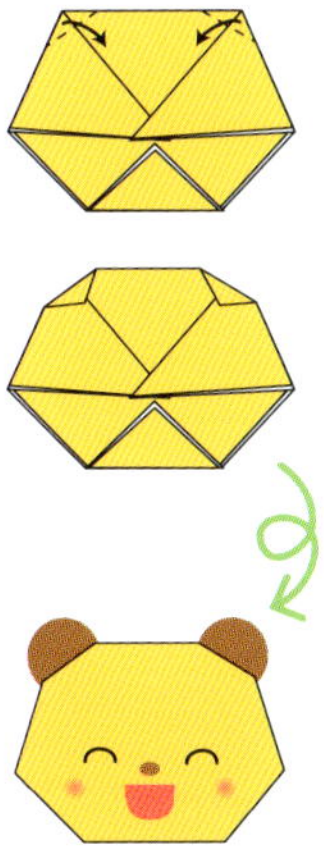

楽しい動物たちの完成！

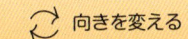

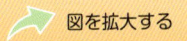

11月

-------- 谷折り線　　-------- 山折り線　　裏返す　　向きを変える　　図を拡大する

## 落ち葉

## いちょう

### 落ち葉

1. 4分の1に切った折り紙を三角に折る
2. 両側に折る
3. 開いて折る
4. 角を折る

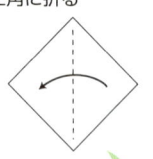

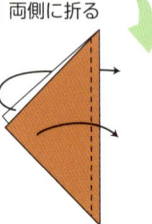

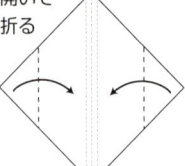

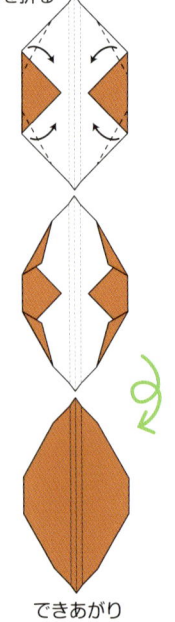

できあがり

**アレンジ**

❸や❹で折る幅や角度を変えるとふくらみ方の違う落ち葉ができます。

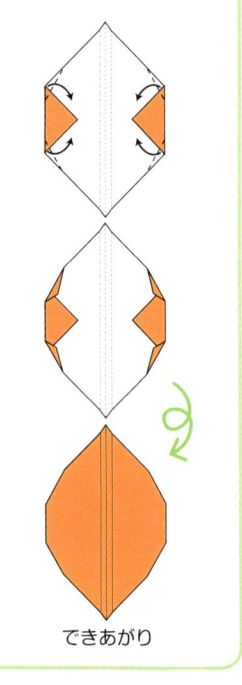

できあがり

### いちょう

1. 4分の1に切った折り紙を図のように折る
2. 切り込みを入れて折る
3. 折る
4. 2つに折る
5. 折り開く

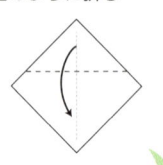

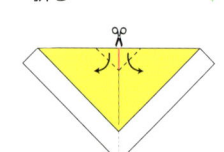

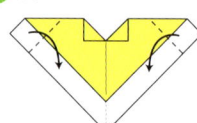

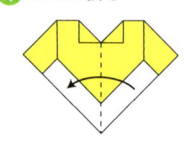

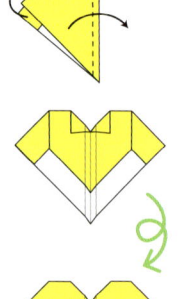

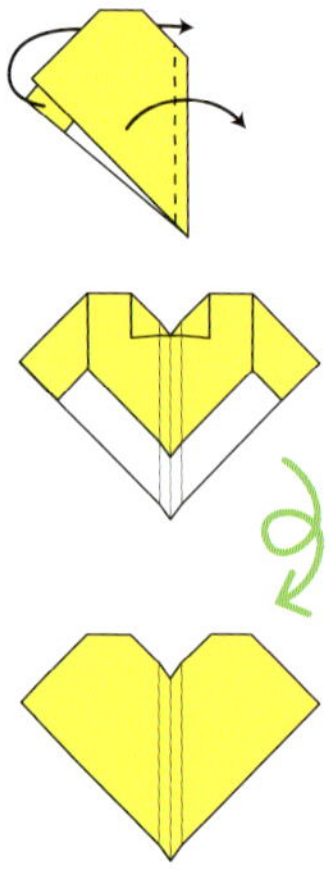

できあがり

いろいろな色の折り紙で鮮やかな落ち葉を作りましょう。

**アレンジ**

5. ❺までは同じ
6. 切り込みを入れて折る

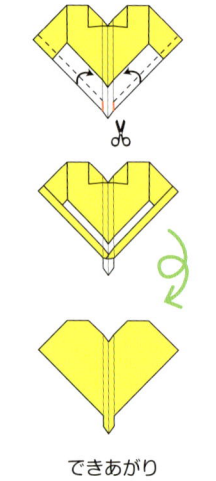

できあがり

-------- 谷折り線　　-------- 山折り線　　裏返す　　向きを変える　　図を拡大する

62

きのこ　木　ぶらんこ

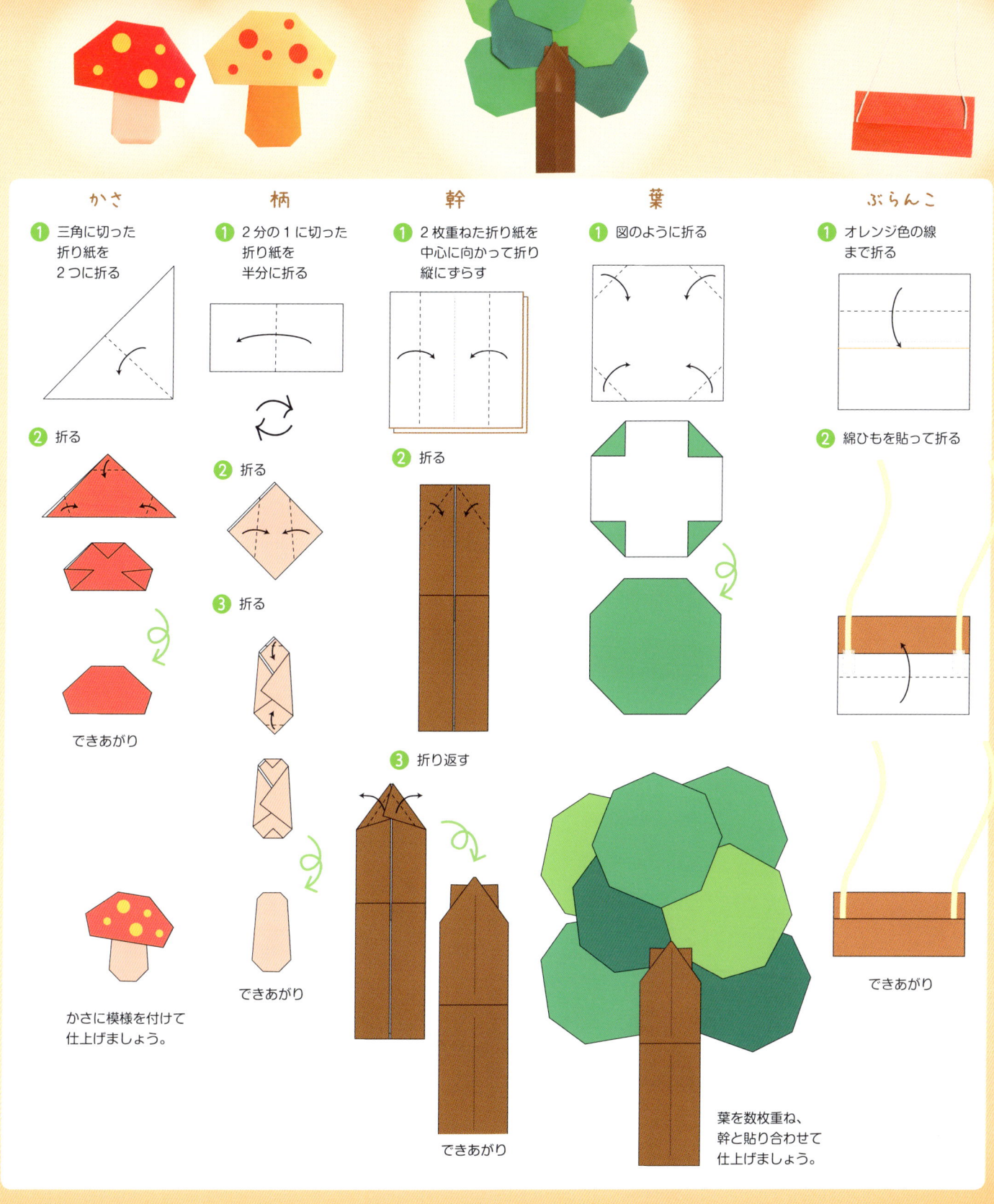

## かさ
① 三角に切った折り紙を2つに折る
② 折る

できあがり

かさに模様を付けて仕上げましょう。

## 柄
① 2分の1に切った折り紙を半分に折る
② 折る
③ 折る

できあがり

## 幹
① 2枚重ねた折り紙を中心に向かって折り縦にずらす
② 折る
③ 折り返す

できあがり

## 葉
① 図のように折る

## ぶらんこ
① オレンジ色の線まで折る
② 綿ひもを貼って折る

できあがり

葉を数枚重ね、幹と貼り合わせて仕上げましょう。

11月

-------- 谷折り線　-------- 山折り線　裏返す　向きを変える　図を拡大する

# 12月 サンタクロースがやってきた！

クリスマスの星降る夜、サンタクロースがやってきました。
動物たちは大喜び！　すてきなプレゼント、もらえるかな？
星は、金銀の折り紙を星型パンチで抜いて散りばめます。

家→家（p21）

## サンタクロース　プレゼント　プレゼントの袋　そり

### 体
1. 図のように折る
2. 切り込みを入れて折る
   折ったところ
3. 図のように折る
   折り紙で手を付けてできあがり

### 顔
1. 中心に向かって折る
2. 折る
3. 向こう側に折る
4. 向こう側に折る
5. 折る

ぼんぼんを付け、顔を描いて仕上げましょう。

できあがり

### プレゼント
1. 中心をあけて図のように折る
2. 向こう側に折る

リボンや飾りを付けてできあがり

### プレゼントの袋
1. 2分の1に切った折り紙を半分に折る
2. 折る
3. 8分の1に切った折り紙を図のように折る
   谷折り　山折り　谷折り
   折ったところ

②と③を貼り合わせてできあがり

### そり
1. 半分に折る
2. 折る
3. 折る

できあがり

飾りを付けて仕上げましょう。

12月

------ 谷折り線　------ 山折り線　裏返す　向きを変える　図を拡大する

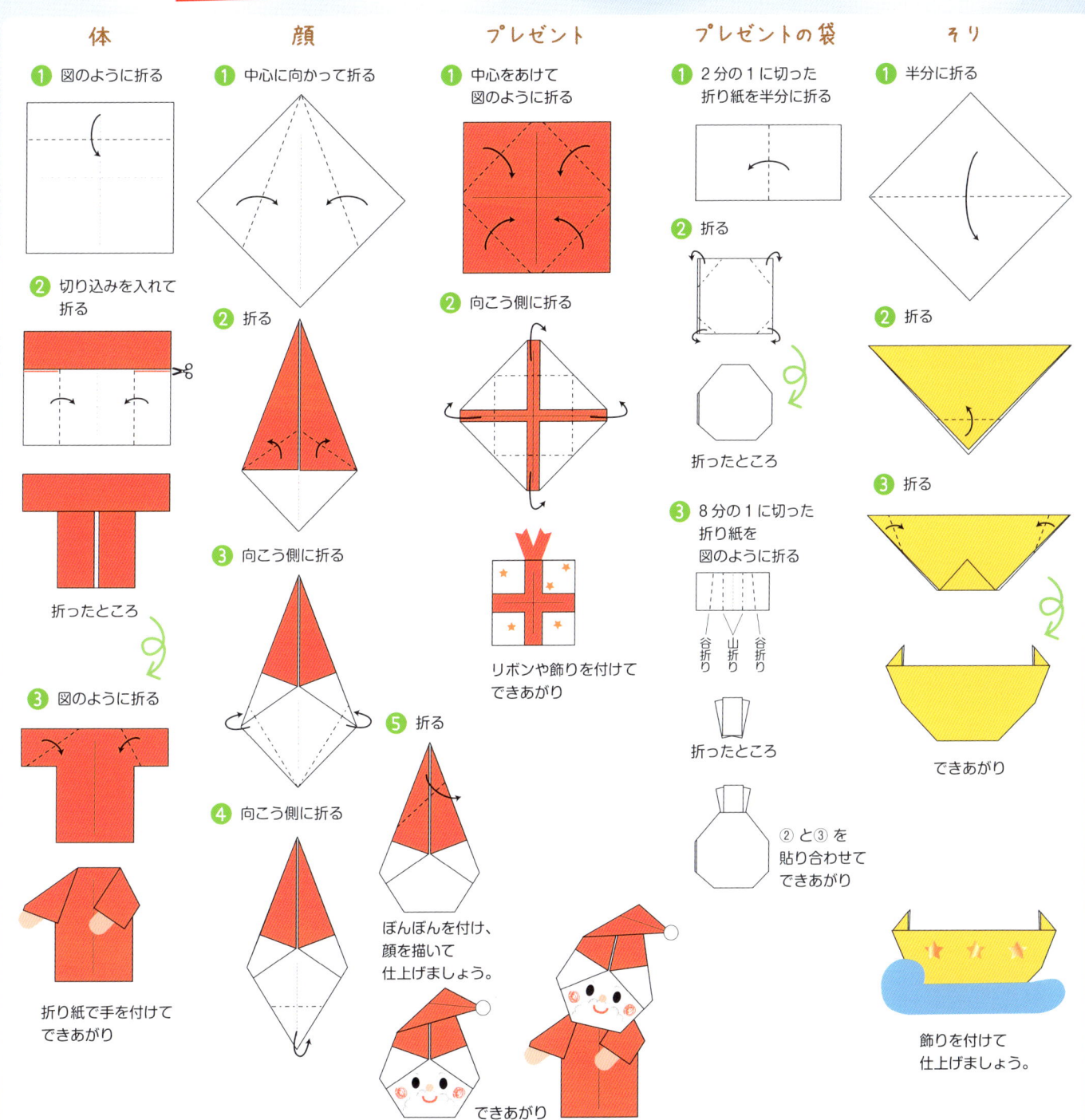

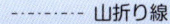

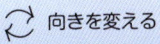

65

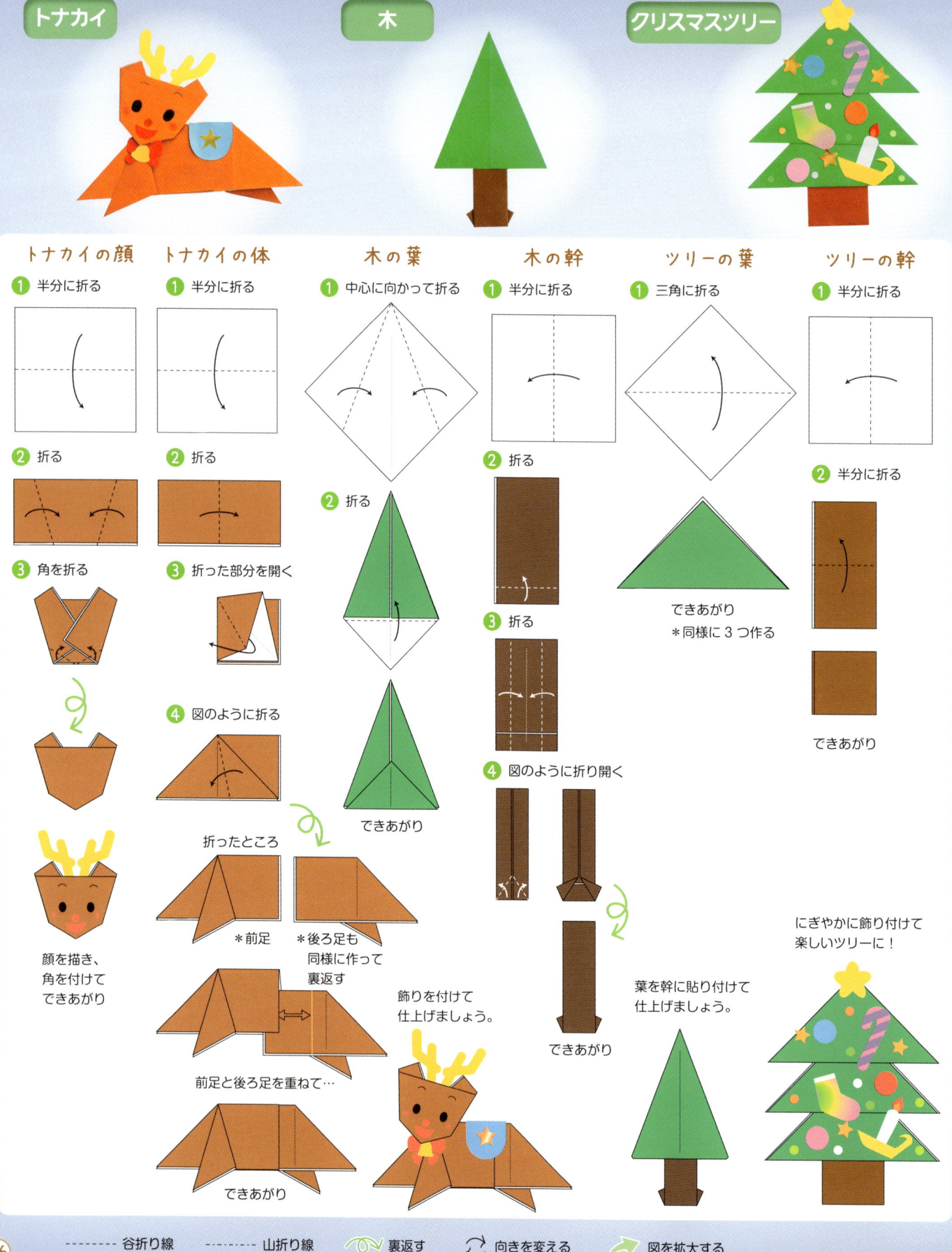

## トナカイ / 木 / クリスマスツリー

### トナカイの顔
1. 半分に折る
2. 折る
3. 角を折る

顔を描き、角を付けてできあがり

### トナカイの体
1. 半分に折る
2. 折る
3. 折った部分を開く
4. 図のように折る

折ったところ
*前足
*後ろ足も同様に作って裏返す

前足と後ろ足を重ねて…

できあがり

飾りを付けて仕上げましょう。

### 木の葉
1. 中心に向かって折る
2. 折る

できあがり

### 木の幹
1. 半分に折る
2. 折る
3. 折る
4. 図のように折り開く

できあがり

### ツリーの葉
1. 三角に折る

できあがり
*同様に3つ作る

### ツリーの幹
1. 半分に折る
2. 半分に折る

できあがり

葉を幹に貼り付けて仕上げましょう。

にぎやかに飾り付けて楽しいツリーに！

-------- 谷折り線　　-------- 山折り線　　裏返す　　向きを変える　　図を拡大する

## くま / ねこ

### くま・ねこの顔

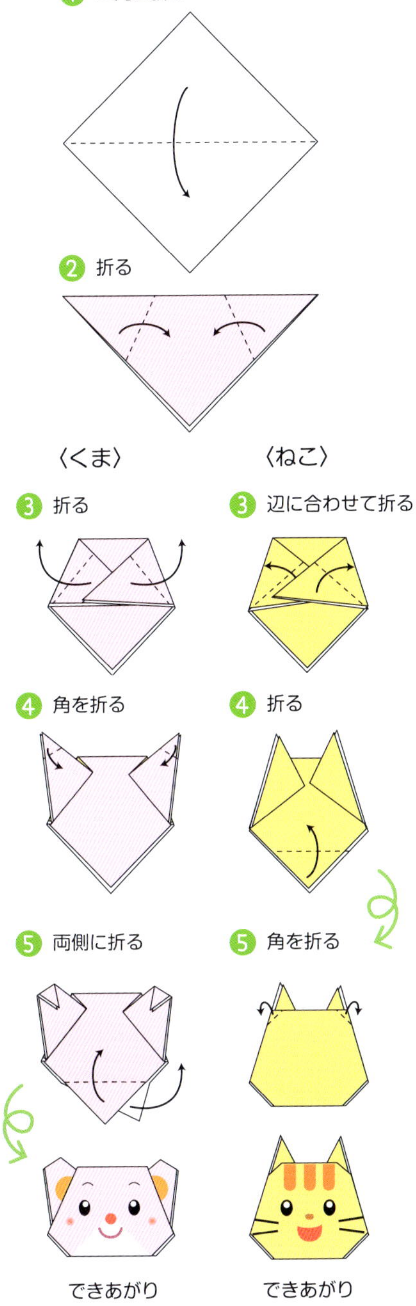

1. 三角に折る
2. 折る

〈くま〉
3. 折る
4. 角を折る
5. 両側に折る
   できあがり

〈ねこ〉
3. 辺に合わせて折る
4. 折る
5. 角を折る
   できあがり

### くま・ねこの体

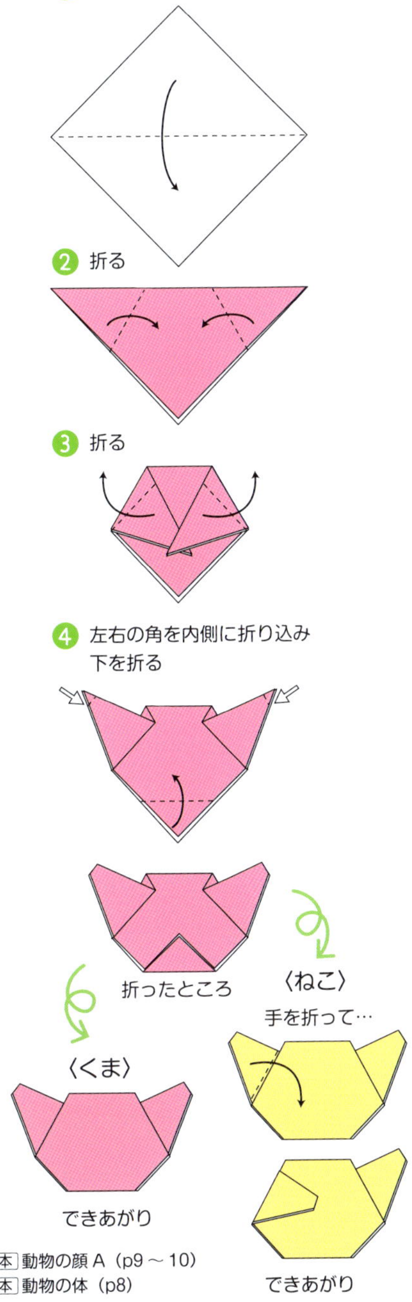

1. 三角に折る
2. 折る
3. 折る
4. 左右の角を内側に折り込み下を折る
   折ったところ

〈くま〉
できあがり

〈ねこ〉
手を折って…
できあがり

* 基本 動物の顔 A (p9〜10)
  基本 動物の体 (p8)

### ぼうし

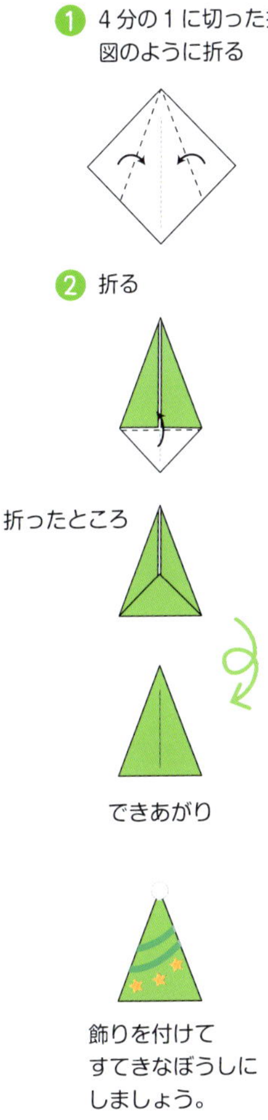

1. 4分の1に切った折り紙を図のように折る
2. 折る
   折ったところ
   できあがり

飾りを付けてすてきなぼうしにしましょう。

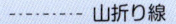

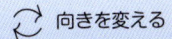

**アレンジ**
*向こう側に折る

12月

------- 谷折り線　　　------- 山折り線　　　裏返す　　　向きを変える　　　図を拡大する

67

## 12月 聖夜のカラフルリース

すてきなリースをたくさん作りましょう。
折り紙のサイズによってリースの大きさが変わります。
個性的な飾り付けを楽しんで!

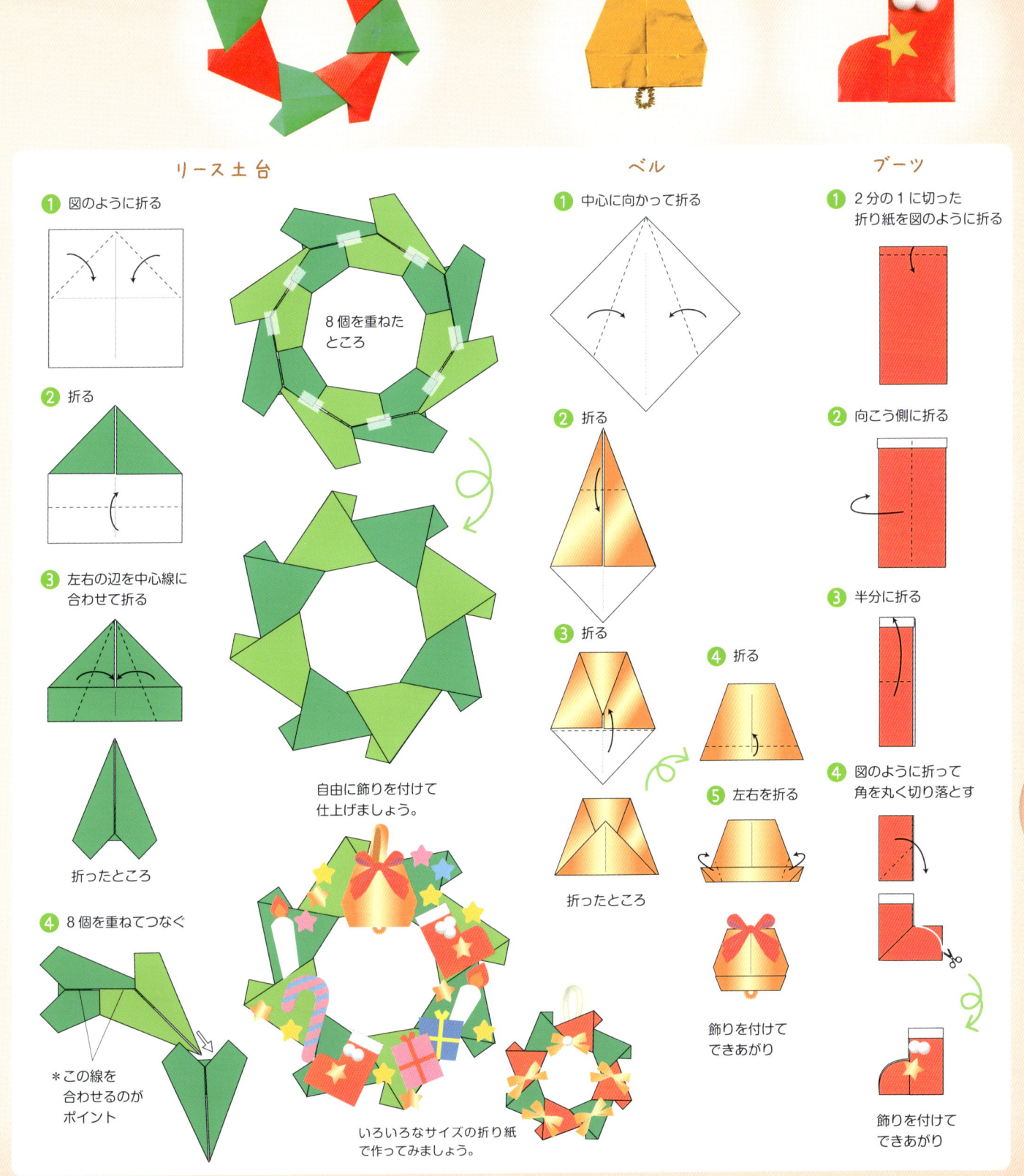

| リース土台 | ベル | ブーツ |

## リース土台

① 図のように折る

② 折る

③ 左右の辺を中心線に合わせて折る

折ったところ

④ 8個を重ねてつなぐ

＊この線を合わせるのがポイント

8個を重ねたところ

自由に飾りを付けて仕上げましょう。

いろいろなサイズの折り紙で作ってみましょう。

## ベル

① 中心に向かって折る

② 折る

③ 折る

④ 折る

⑤ 左右を折る

折ったところ

飾りを付けてできあがり

## ブーツ

① 2分の1に切った折り紙を図のように折る

② 向こう側に折る

③ 半分に折る

④ 図のように折って角を丸く切り落とす

飾りを付けてできあがり

12月

-------- 谷折り線　-------- 山折り線　裏返す　向きを変える　図を拡大する

69

# 1月 新年おめでとう

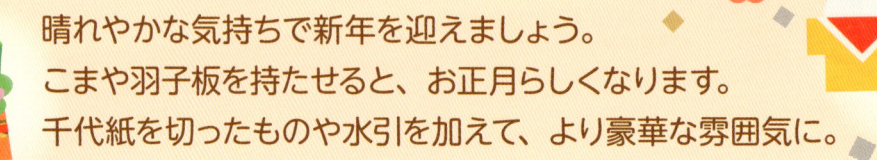

晴れやかな気持ちで新年を迎えましょう。
こまや羽子板を持たせると、お正月らしくなります。
千代紙を切ったものや水引を加えて、より豪華な雰囲気に。

くま→ 基本 動物の顔A (p10) ＋ 着物のアレンジ (p7)

## かがみもち　　かどまつ　　富士山

### もち

1. 中心に向かって折る
2. 折る
3. 折る
4. 折り上げる
5. 折る

できあがり

### 台

1. 中心に向かって折る
2. 切り込みを入れて折る
3. 折る

できあがり

4分の1に切った紅白の折り紙を飾って仕上げましょう。

**アレンジ**
角を折ると丸みができてよりおもちらしくなります。

### 竹

1. 4分の1に切った折り紙を2枚重ねて図のように折る
2. 折る

できあがり

竹を3つ作って重ね合わせる

飾り付けて仕上げましょう。

### 土台

1. 半分に折る
2. 折る

できあがり

### 富士山

1. 図のように切って折る
2. 向こう側に折る
3. 向こう側に折る

できあがり

1月

-------- 谷折り線　　-------- 山折り線　　裏返す　　向きを変える　　図を拡大する

# 1月 たこたこあがれ！天高く！

冬の高い空に、たこがあがります。
うさぎさんとねずみさんもいっしょに、北風に負けずに元気元気！
たこひもは、綿ひもできれいなカーブを作って仕上げましょう。

男の子・女の子→基本 人の顔 A (p4)　ねずみ・うさぎ→基本 動物の顔 A (p11) ＋ 動物の体 (p8)

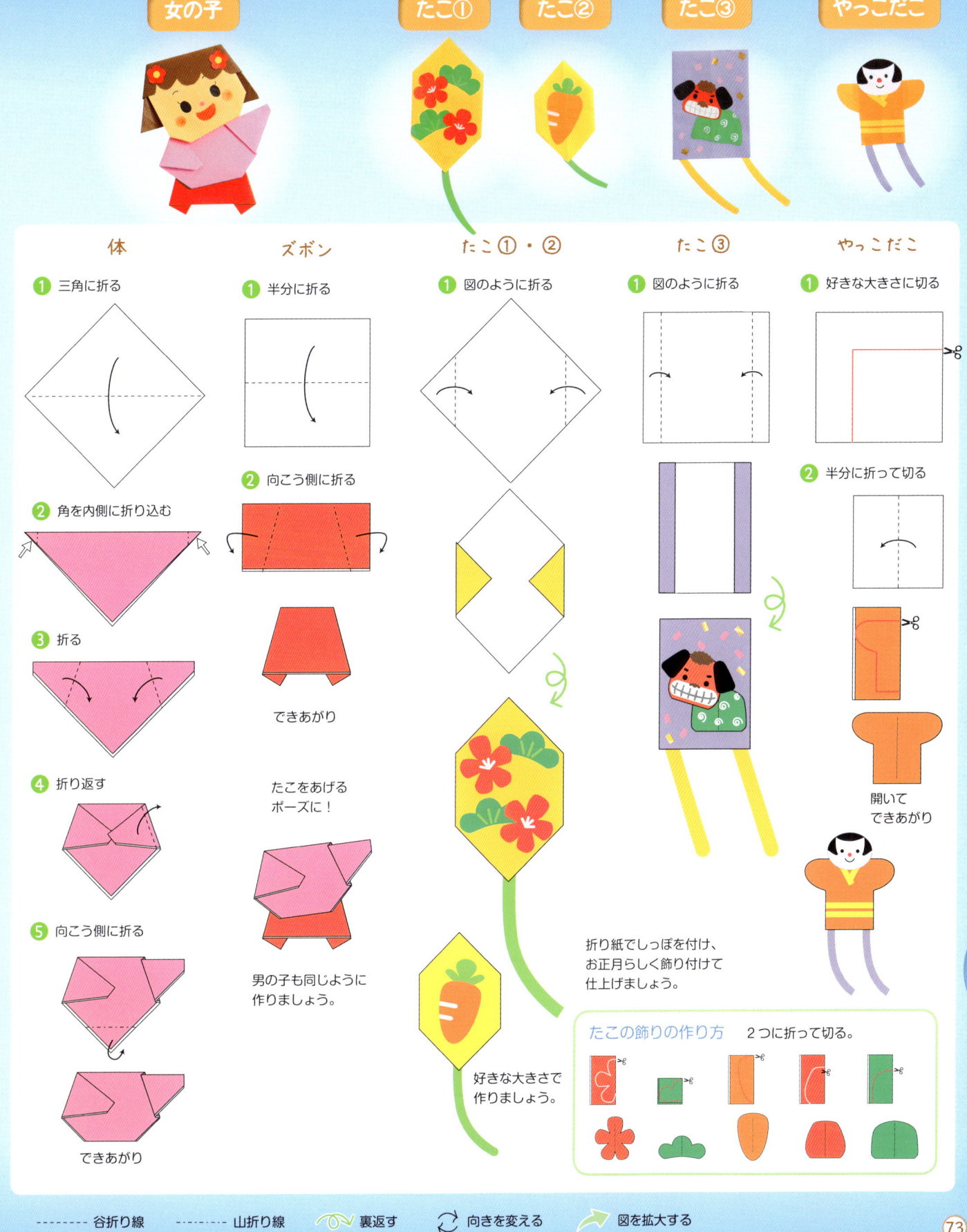

| 女の子 | たこ① | たこ② | たこ③ | やっこだこ |

## 体

1. 三角に折る
2. 角を内側に折り込む
3. 折る
4. 折り返す
5. 向こう側に折る

できあがり

## ズボン

1. 半分に折る
2. 向こう側に折る

できあがり

たこをあげるポーズに！

男の子も同じように作りましょう。

## たこ①・②

1. 図のように折る

好きな大きさで作りましょう。

## たこ③

1. 図のように折る

折り紙でしっぽを付け、お正月らしく飾り付けて仕上げましょう。

## やっこだこ

1. 好きな大きさに切る
2. 半分に折って切る

開いてできあがり

### たこの飾りの作り方　2つに折って切る。

-------- 谷折り線　　-------- 山折り線　　裏返す　　向きを変える　　図を拡大する

1月

# 2月 おにたちをやっつけろ

いぬ、さる、きじといっしょに、おにが島に出かけたももたろう。
カラフルなおにたちを相手に、豆まきの始まりです。
岩と豆はクラフト紙をくしゃっと丸めて作りましょう。

## ももたろう

## きじ

### 顔

1. 中心に向かって折る
2. 下の角を折る
3. 上下を折る

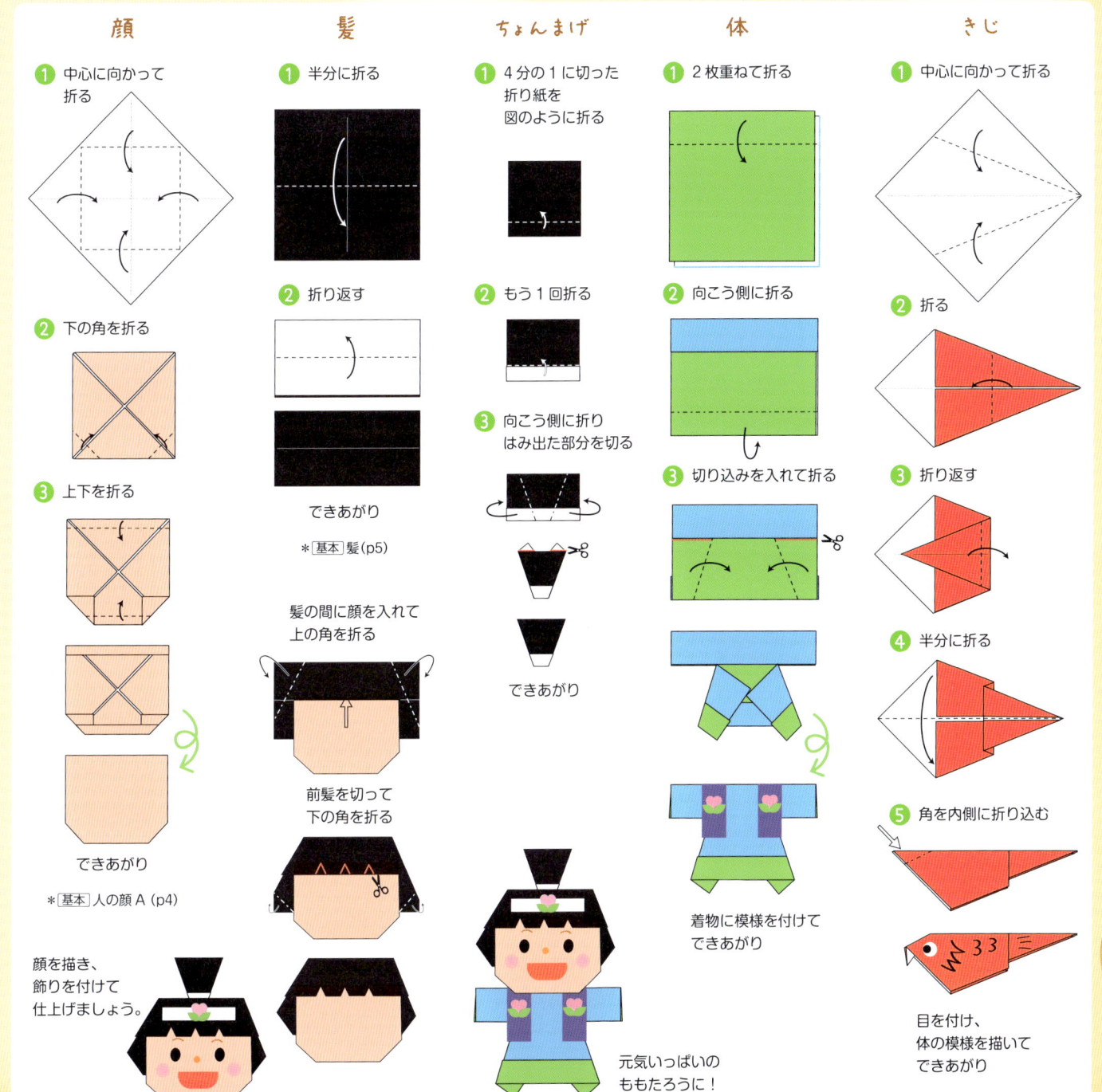

できあがり

*基本 人の顔A (p4)

顔を描き、飾りを付けて仕上げましょう。

### 髪

1. 半分に折る
2. 折り返す

できあがり

*基本 髪(p5)

髪の間に顔を入れて上の角を折る

前髪を切って下の角を折る

### ちょんまげ

1. 4分の1に切った折り紙を図のように折る
2. もう1回折る
3. 向こう側に折りはみ出た部分を切る

できあがり

元気いっぱいのももたろうに！

### 体

1. 2枚重ねて折る
2. 向こう側に折る
3. 切り込みを入れて折る

着物に模様を付けてできあがり

### きじ

1. 中心に向かって折る
2. 折る
3. 折り返す
4. 半分に折る
5. 角を内側に折り込む

目を付け、体の模様を描いてできあがり

2月

-------- 谷折り線　　-------- 山折り線　　裏返す　　向きを変える　　図を拡大する

## いぬ

### いぬの顔
1. 三角に折る
2. 角を内側に折り込む
3. 向こう側に折る
4. 両側に折る
5. 角を折る

折ったところ

顔を描いてできあがり

*[基本] 動物の顔 A (p10)

### いぬの体
1. 三角に折る
2. 図のように折る
3. 下を折る
4. 折り返す

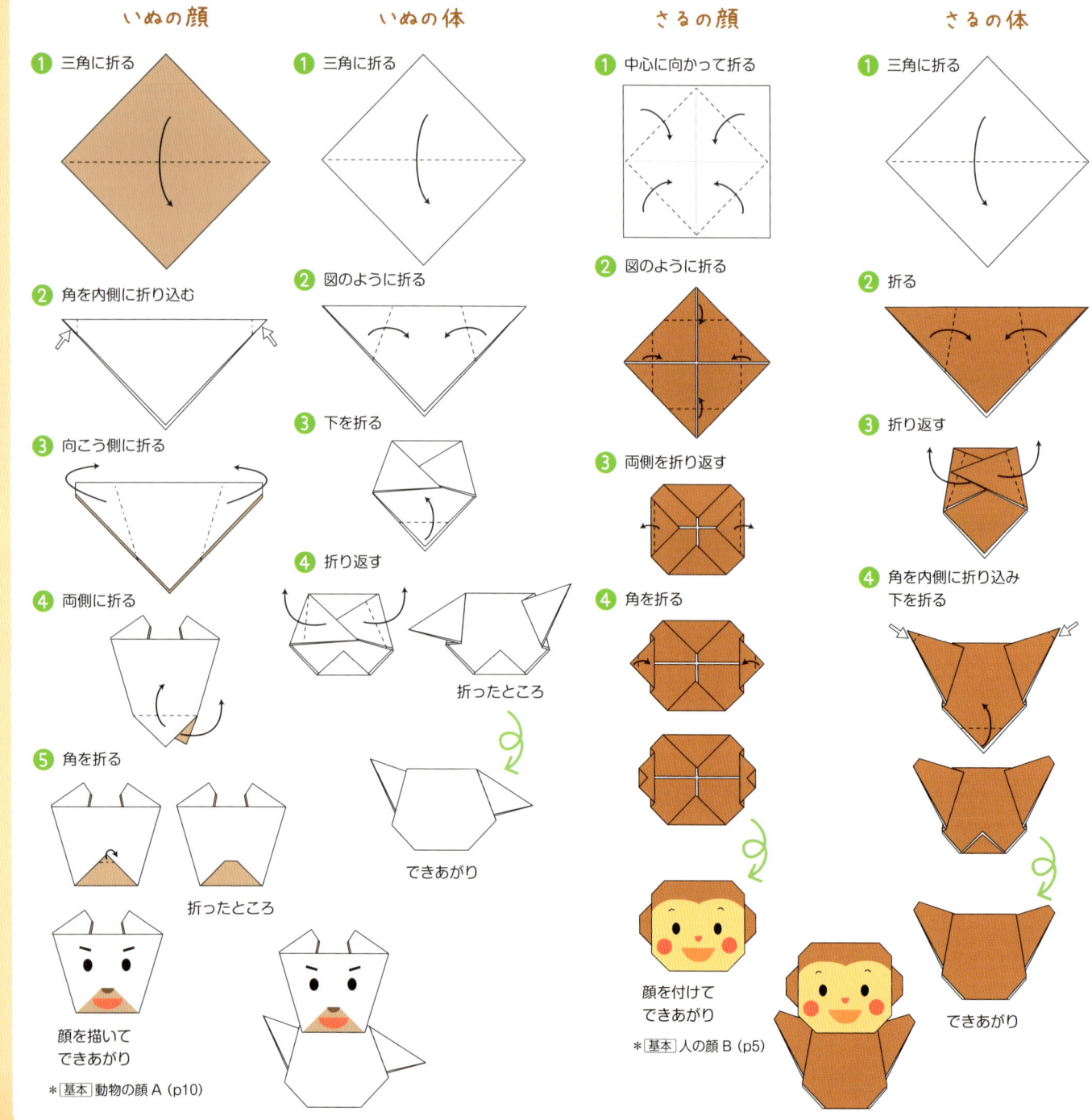

折ったところ

できあがり

## さる

### さるの顔
1. 中心に向かって折る
2. 図のように折る
3. 両側を折り返す
4. 角を折る

顔を付けてできあがり

*[基本] 人の顔 B (p5)

### さるの体
1. 三角に折る
2. 折る
3. 折り返す
4. 角を内側に折り込み下を折る

できあがり

---

-------- 谷折り線　　-------- 山折り線　　裏返す　　向きを変える　　図を拡大する

## 1本角のおに

## 2本角のおに

### 1本角のおにの顔

1. 三角に折る 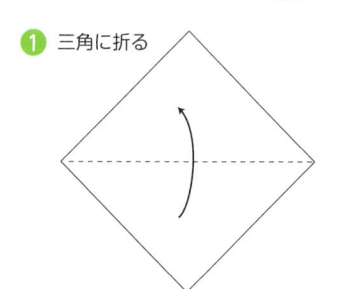
2. 折る 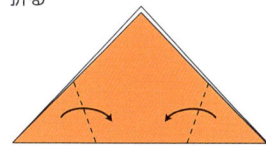
3. 向こう側に折る 
4. 折り返す

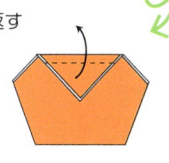

顔を描いてできあがり

### 2本角のおにの顔

1. 三角に折る 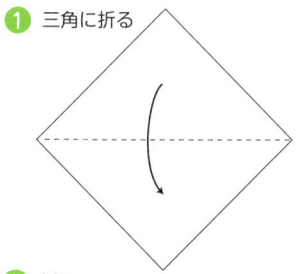
2. 折る 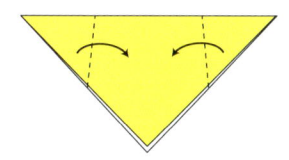
3. 辺に合わせて折る 
4. 折る

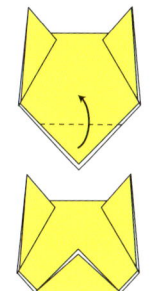

顔を描いてできあがり

### おにの体（共通）

1. 2枚重ねて向こう側に折る 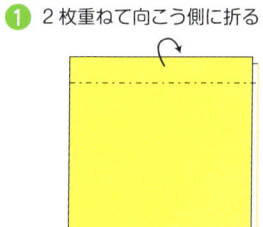
2. 向こう側に折る 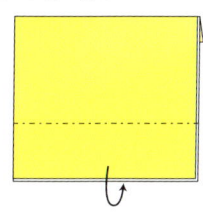
3. 切り込みを入れて折る 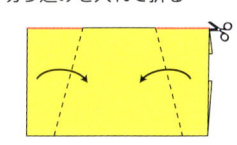
4. 折る

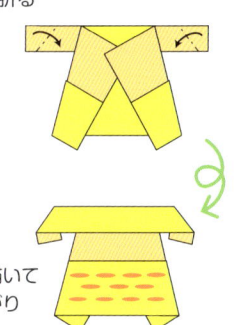

模様を描いてできあがり

### 金棒

1. 4分の1に切った折り紙を図のように折る 
2. 折る 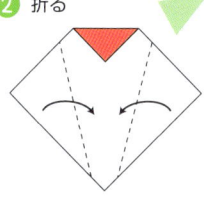
3. 角を折る

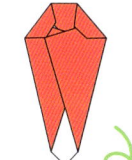

模様を貼ってできあがり

手や顔をいろいろな表情にして、楽しいおにを作りましょう。

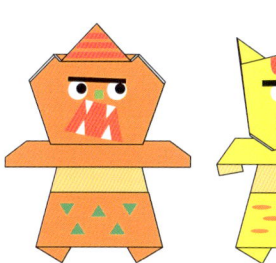

2月

-------- 谷折り線　　-------- 山折り線　　裏返す　　向きを変える　　図を拡大する

## 2月 雪だるまさんと遊ぼう

雪がたくさん積もったら、さあ、雪遊びの始まりです。
スキーやそりで斜面をシューッ！
脱脂綿を薄く伸ばすと、ふわっとした雪のような感じが出ます。

## 雪だるま

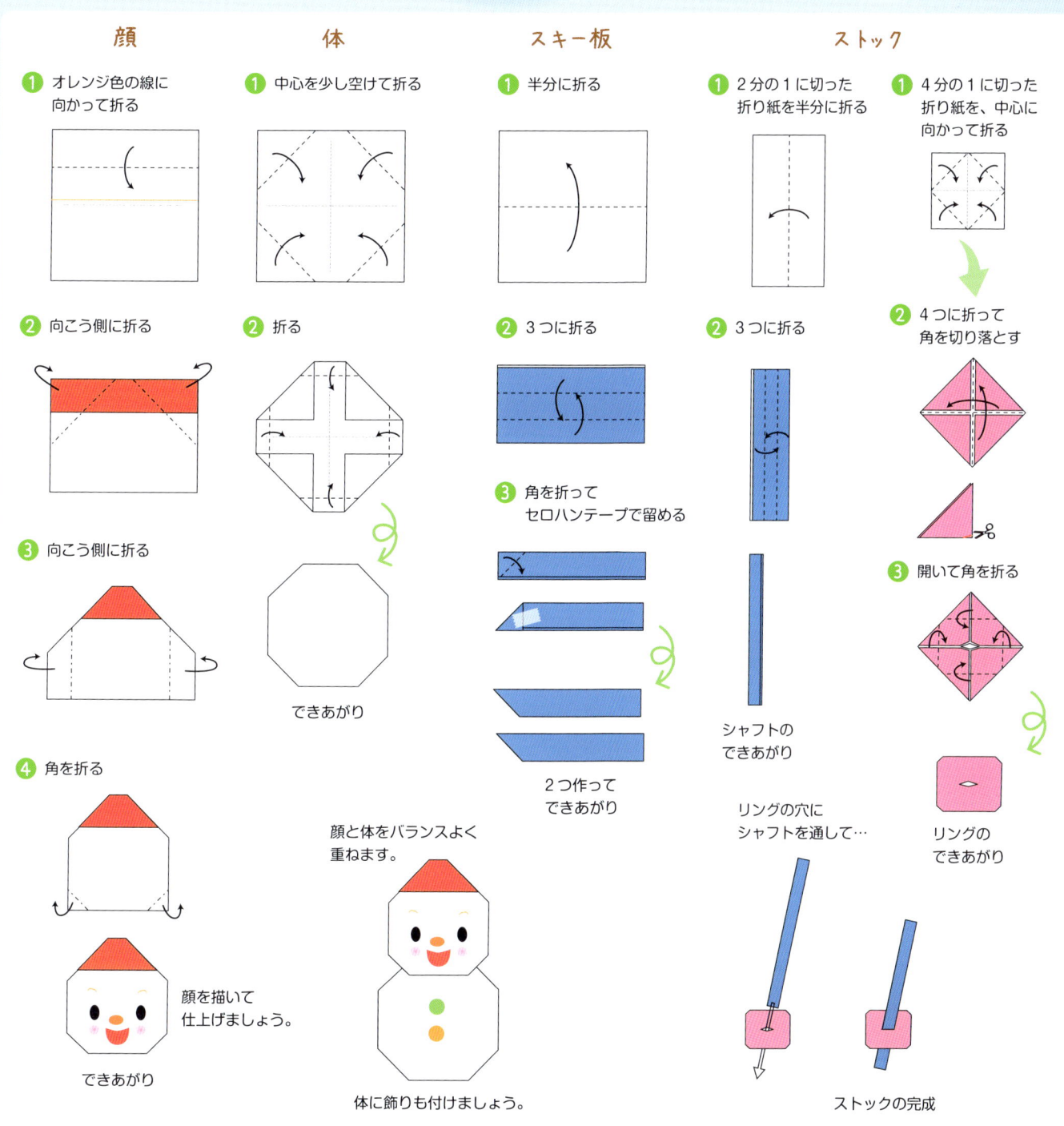

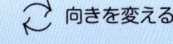

### 顔

1. オレンジ色の線に向かって折る
2. 向こう側に折る
3. 向こう側に折る
4. 角を折る

顔を描いて仕上げましょう。
できあがり

### 体

1. 中心を少し空けて折る
2. 折る

できあがり

顔と体をバランスよく重ねます。
体に飾りも付けましょう。

### スキー板

1. 半分に折る
2. 3つに折る
3. 角を折ってセロハンテープで留める

2つ作ってできあがり

### ストック

1. 2分の1に切った折り紙を半分に折る
2. 3つに折る

シャフトのできあがり

リングの穴にシャフトを通して…

ストックの完成

1. 4分の1に切った折り紙を、中心に向かって折る
2. 4つに折って角を切り落とす
3. 開いて角を折る

リングのできあがり

-------- 谷折り線　　-------- 山折り線　　裏返す　　向きを変える　　図を拡大する

2月

## うさぎ　　ねこ

### うさぎの顔

1. 中心に向かって折り、折り線を付ける
2. 図のように折り開く
3. 辺に沿って折る
4. 図のように切る

顔を描いてできあがり

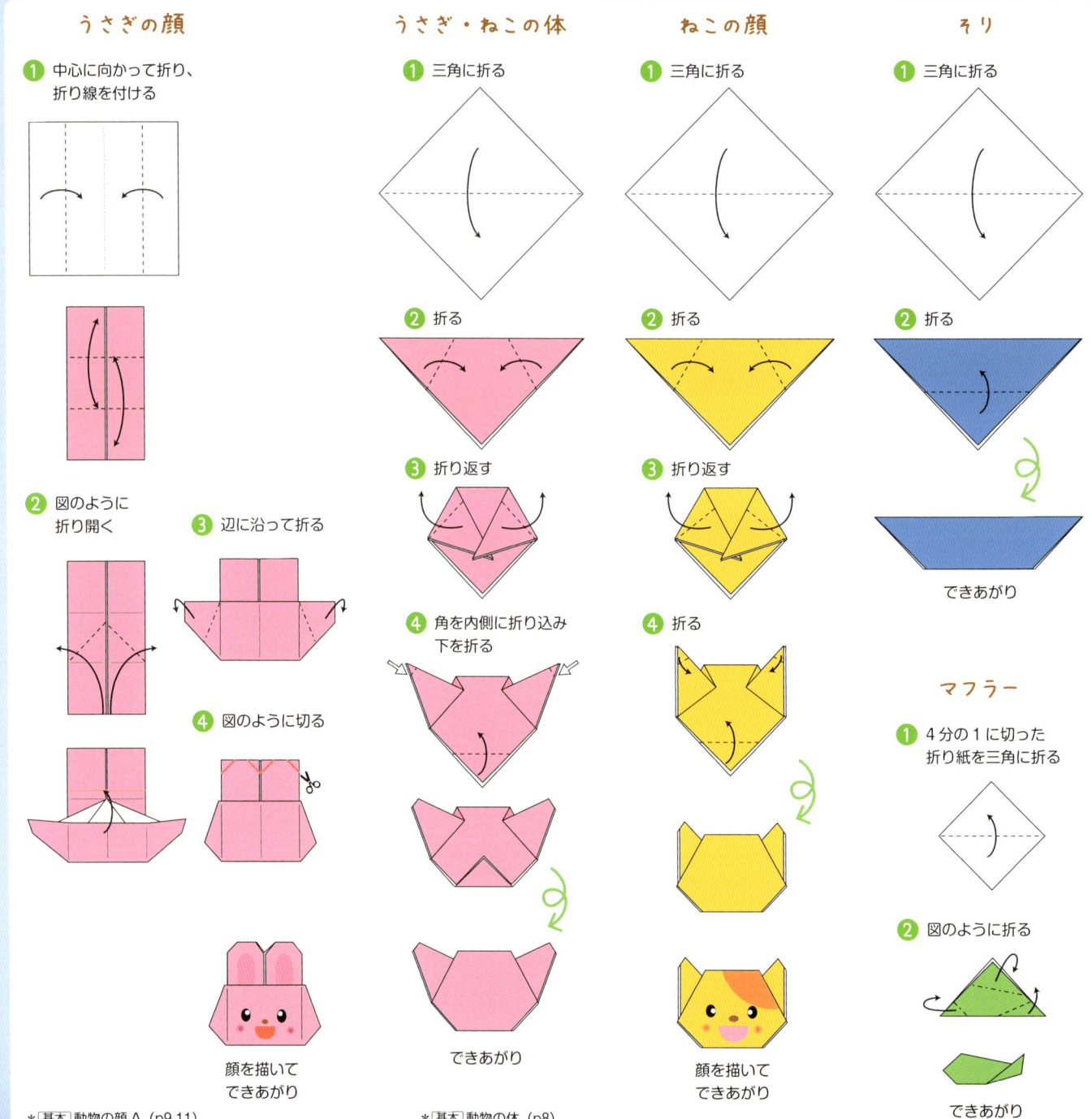

＊ 基本 動物の顔A（p9,11）

### うさぎ・ねこの体

1. 三角に折る
2. 折る
3. 折り返す
4. 角を内側に折り込み下を折る

できあがり

＊ 基本 動物の体（p8）

### ねこの顔

1. 三角に折る
2. 折る
3. 折り返す
4. 折る

顔を描いてできあがり

### そり

1. 三角に折る
2. 折る

できあがり

### マフラー

1. 4分の1に切った折り紙を三角に折る
2. 図のように折る

できあがり

---

------- 谷折り線　　------- 山折り線　　裏返す　　向きを変える　　図を拡大する

80

## 家

## 木

### えんとつ

1. 4分の1に切った折り紙の上部分を波形に切って折る 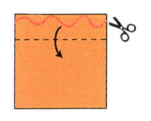
2. 向こう側に折る

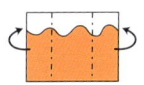

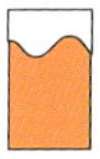

できあがり

### 屋根の雪

1. 2分の1に切った折り紙の下部分を波形に切って、上を向こう側に折る

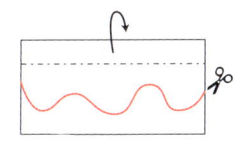

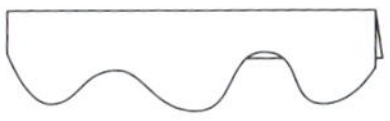

できあがり

### 家

1. 2枚重ねてオレンジ色の線に向かって折る 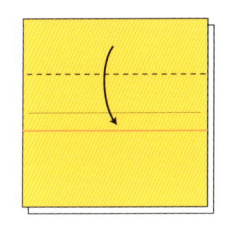
2. 雪を屋根にかぶせて雪といっしょに角を向こう側に折る

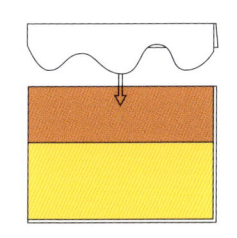

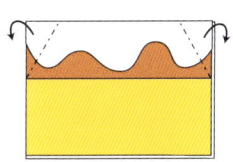

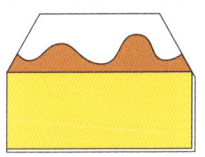

できあがり

屋根にえんとつを付けて仕上げましょう。

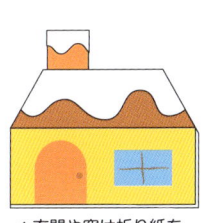

*玄関や窓は折り紙を切って貼ります。

### 木の幹

1. 2分の1に切った折り紙を半分に折る 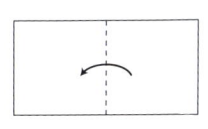
2. 3つに折る

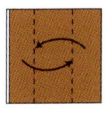

できあがり

### 木の雪

1. 木と同様に折って下部を波形に切る

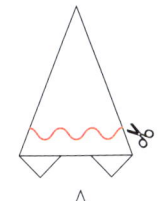

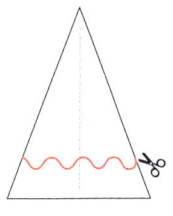

### 木（小）

1. 中心に向かって折る 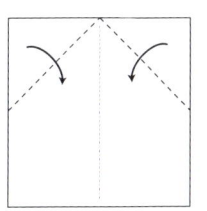 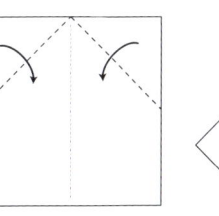
2. 折る 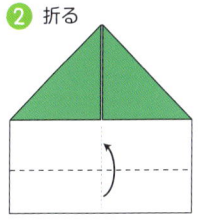
3. 折る

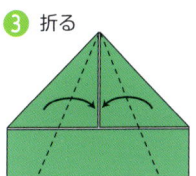

できあがり

### 木（大）

1. 中心に向かって折る 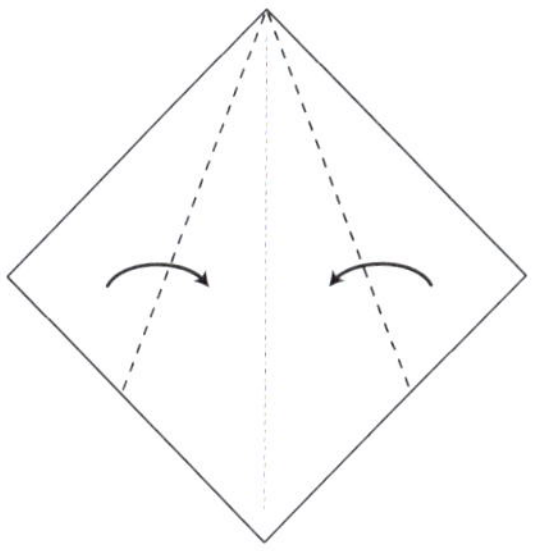
2. 折る

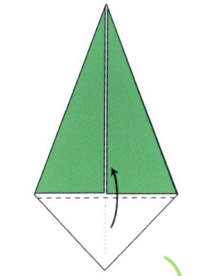

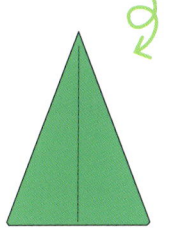

できあがり

雪をかぶせ、幹を差し込んで仕上げましょう。

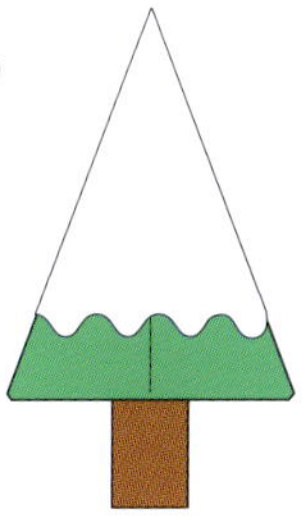

------- 谷折り線　　------- 山折り線　　裏返す　　向きを変える　　図を拡大する

2月

## 3月 おひなさまを飾ったよ

かわいらしいおひなさまを飾って、ひな祭りのお祝いをしましょう。
桃の花はペットボトルのふたを型紙にして、
折り紙を丸く切り取り、5枚重ねて作ります。

おだいりさま、おひなさま、三人官女→ 基本 人の顔Cのアレンジ (p6) ＋ 着物 (p7)

## 橘・桃 / ぼんぼり

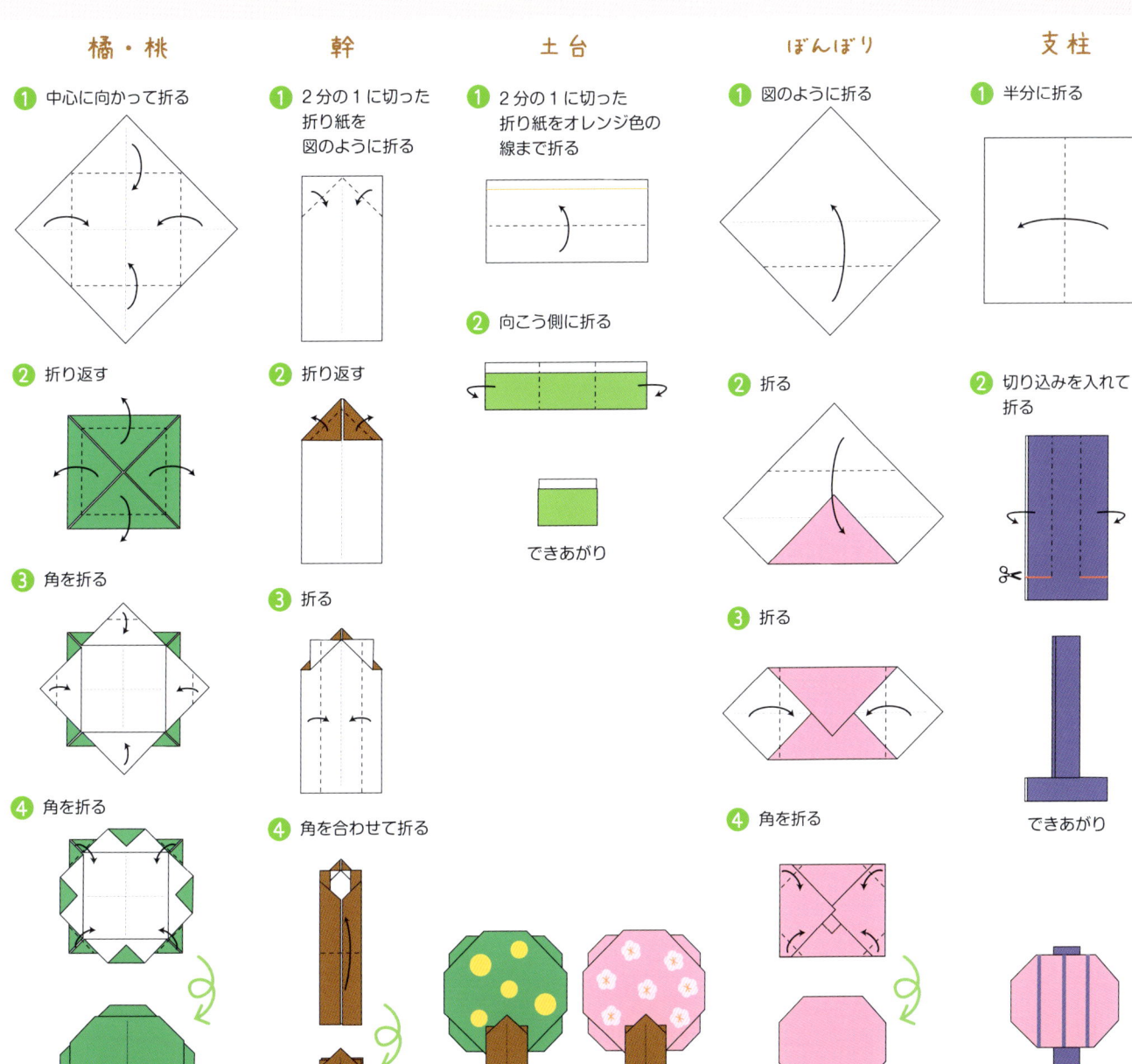

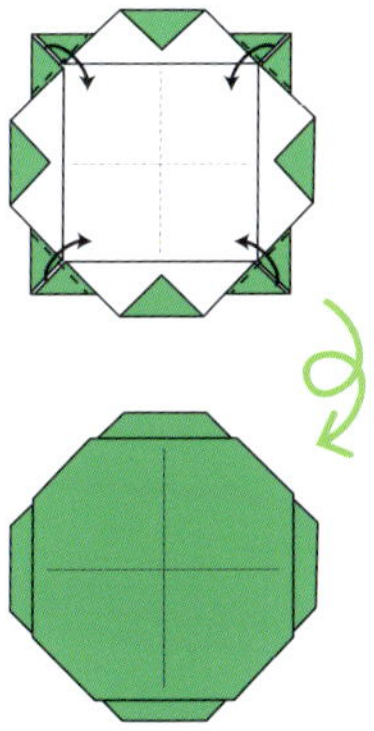

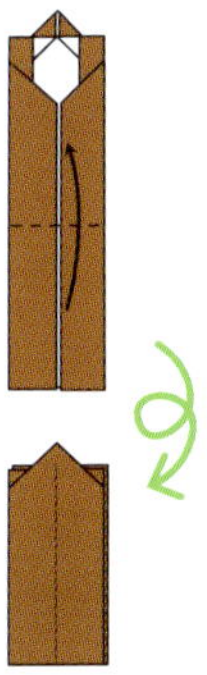

### 橘・桃
1. 中心に向かって折る
2. 折り返す
3. 角を折る
4. 角を折る

できあがり

### 幹
1. 2分の1に切った折り紙を図のように折る
2. 折り返す
3. 折る
4. 角を合わせて折る

できあがり

### 土台
1. 2分の1に切った折り紙をオレンジ色の線まで折る
2. 向こう側に折る

できあがり

シールなどで飾りを付けて仕上げましょう。

### ぼんぼり
1. 図のように折る
2. 折る
3. 折る
4. 角を折る

できあがり

### 支柱
1. 半分に折る
2. 切り込みを入れて折る

できあがり

飾りを付けて仕上げましょう。

-------- 谷折り線　　-------- 山折り線　　裏返す　　向きを変える　　図を拡大する

3月

# 3月 お花列車がしゅっぱ～つ

ぽっぽ～！　お花畑を列車が進みます。
お花のアーチをくぐったら、みんなにっこにこ！
ひもなどでアーチを形作ってから花を配置すると、きれいなカーブができます。

| ねこ | くま | うさぎ | ねずみ |
|---|---|---|---|

## ねこの顔

1. 三角に折る 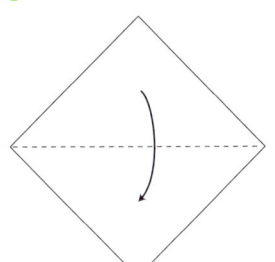
2. 折る 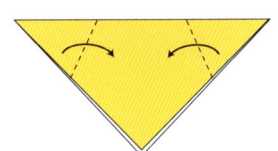
3. 折る

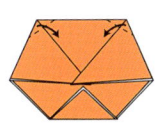

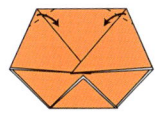

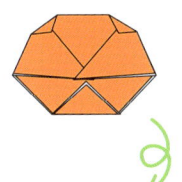

顔を描き、耳を付けてできあがり

*[基本] 動物の顔B (p12〜13)

## くまの顔

1. 三角に折る 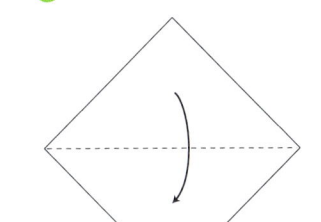
2. 折る 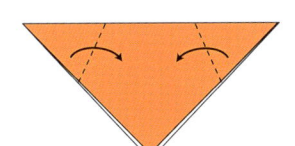
3. 折る
4. 上の角を折る

顔を描き、耳を付けてできあがり

## うさぎの顔

1. 三角に折る 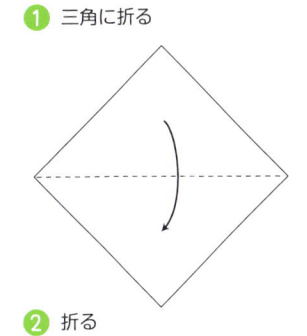
2. 折る 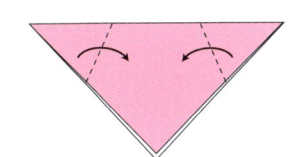
3. 折る 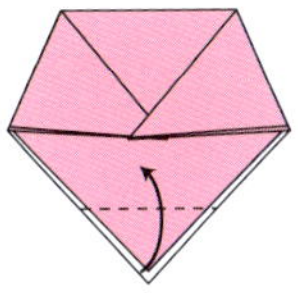
4. 横の角を折る

顔を描き、耳を付けてできあがり

## ねずみの顔

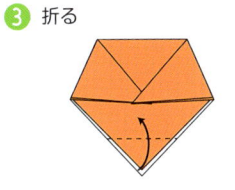

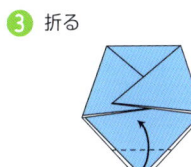

1. 三角に折る 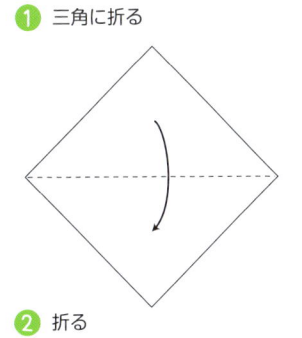
2. 折る 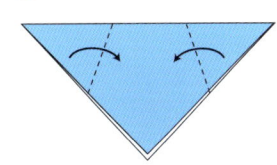
3. 折る 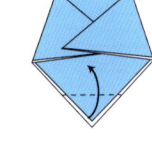
4. 4つの角を折る

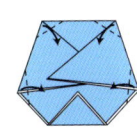

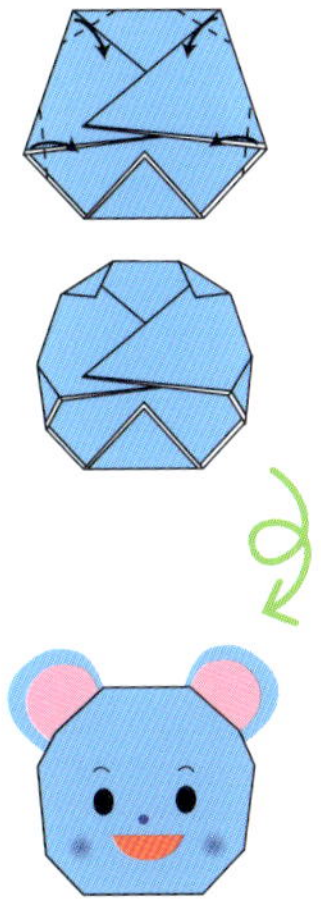

顔を描き、耳を付けてできあがり

--------- 谷折り線　　--------- 山折り線　　裏返す　　向きを変える　　図を拡大する

3月

## くまの運転士

## 列車

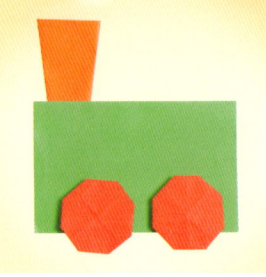

### くまの運転士の体

1. 中心に向かって折る 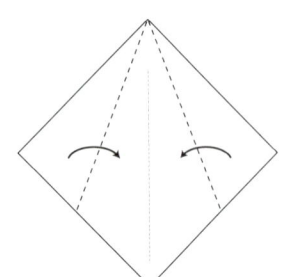
2. 折る

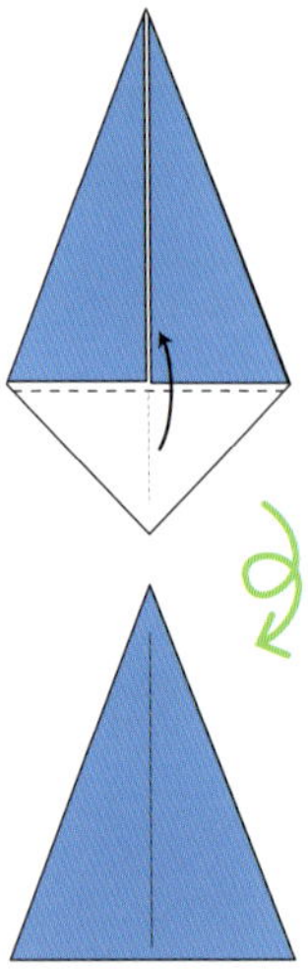

できあがり

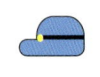

ぼうしは折り紙を切って作りましょう。

### 車体

1. オレンジ色の線に向かって折る

できあがり

### 車輪

1. 4分の1に切った折り紙を中心に向かって折る 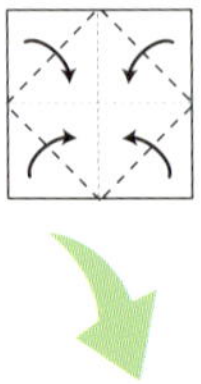
2. 折る

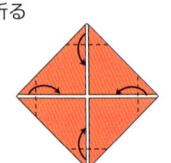

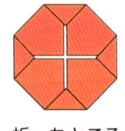

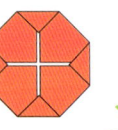

折ったところ

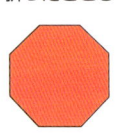

できあがり

### えんとつ

1. 2分の1に切った折り紙を3つに折る 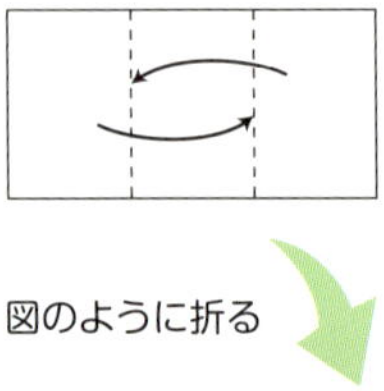
2. 図のように折る

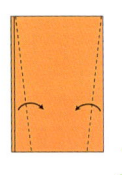

できあがり

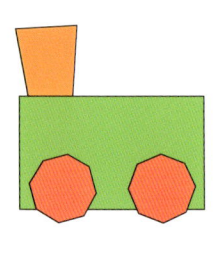

先頭車両にはえんとつも付けて仕上げましょう。

-------- 谷折り線　　-------- 山折り線　　裏返す　　向きを変える　　図を拡大する

## 小鳥

## 花①

## 花②

### 小鳥

① 半分に折る

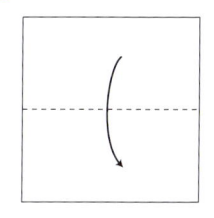

② 向こう側に折る

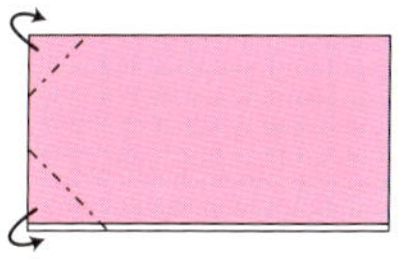

③ 折り上げる

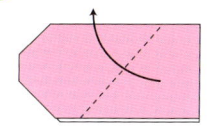

④ 左角の1枚を内側に折り、右角を向こう側に折る

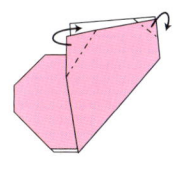

⑤ 左角を向こう側に折る

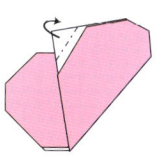

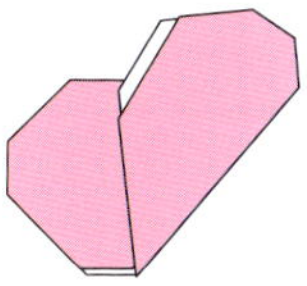

くちばしを切って貼り、目などを描いて仕上げましょう。

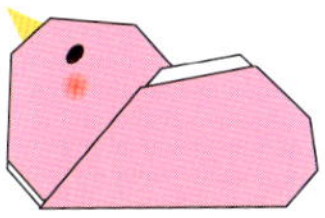

できあがり

### 花①

① 4分の1に切った折り紙を半分に折る

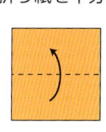

② 折り返す

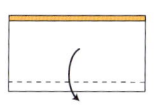

③ 縦に半分に折る

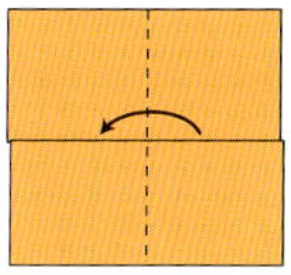

④ 折り返す

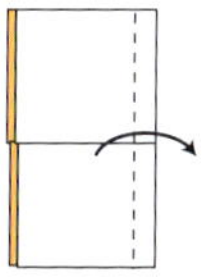

⑤ 角を向こう側に折り、斜めに折り線を入れる

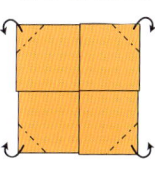

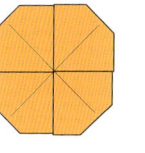

丸シールを貼ってかわいい花に。

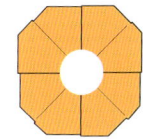

できあがり

### 葉っぱ

① 4分の1に切った折り紙を三角に折る

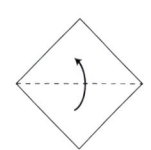

② 点線の位置で両側に折って図のように切る

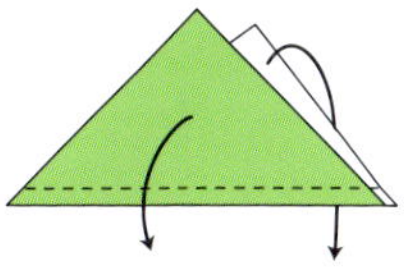

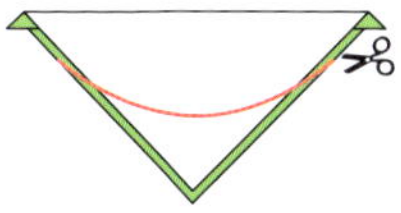

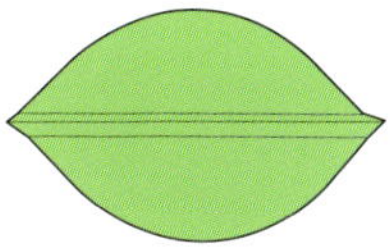

開いてできあがり

### 花②

① 4分の1に切った折り紙を4つに折る

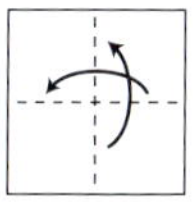

② 三角に折って図のように切る

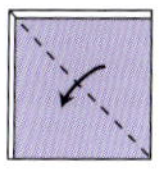

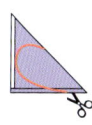

切り方を変えると…

開いてできあがり

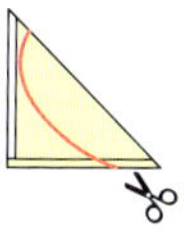

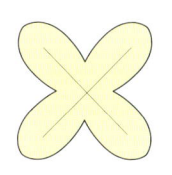

違う形の花に

切り方をアレンジしたり、色を変えたりしていろいろな花を作ってみましょう。

---------- 谷折り線　　---------- 山折り線　　裏返す　　向きを変える　　図を拡大する

3月

◆ **著者紹介** ◆

## いまい みさ

造形作家、手作りおもちゃ普及会代表。
「手作りおもちゃやおりがみの楽しさと感動を、多くの子どもたちに届けたい」と、幼稚園・保育園・小学校などで、おりがみやリサイクル素材を利用したおもちゃ作りを指導している。保育誌、児童書、教科書などでも作品を紹介。著書に『おりがみで作る かわいい室内飾り12か月』（チャイルド本社）、『おりがみでおみせやさん』『おりがみとあきばこでのりもの』（以上、毎日新聞社）、『いまいみさの牛乳パックでつくるエコおもちゃ』（実業之日本社）、『よいこきらきらおりがみ12かげつ』（小学館）、『PriPriおりがみペープサート』（世界文化社）、『親子でたのしむ手づくりおもちゃあそび』（KKベストセラーズ）、『女の子のかわいい折り紙』『男の子のかっこいい折り紙』（以上、PHP研究所）など多数。

| | |
|---|---|
| デザイン | 小林峰子 |
| 折り図・イラスト | 江田貴子 |
| 撮影 | 安田仁志 |
| おりがみ制作協力 | 手作りおもちゃ普及会 |
| | （小川昌代、霜田由美、河上さゆり、Natsuki、Moko） |
| | 森田真樹 |
| 壁面案・制作 | おりがみ壁面制作グループ |
| 本文校正 | 有限会社くすのき舎 |
| 編集協力 | 東條美香 |
| 編集 | 西岡育子、石山哲郎 |

### 5回で折れる！ おりがみ壁面12か月

2013年2月　初版第1刷発行
2022年1月　第10刷発行

著　者　いまいみさ
発行人　大橋 潤
発行所　株式会社チャイルド本社
　　　　〒112-8512　東京都文京区小石川5-24-21
電　話　03-3813-2141（営業）03-3813-9445（編集）
振　替　00100-4-38410
印刷・製本　図書印刷株式会社

©Misa Imai 2013　Printed in Japan
ISBN978-4-8054-0210-8
NDC376　26×21cm　88P

■乱丁・落丁本はお取り替えいたします。
■本書の無断転載、複写複製（コピー）は、著作権法上での例外を除き禁じられています。
■本書を代行業者等の第三者に依頼してスキャンやデジタル化することは、たとえ個人や家庭内の利用であっても、著作権法上、認められておりません。

チャイルド本社ホームページアドレス
https://www.childbook.co.jp/
チャイルドブックや保育図書の情報が盛りだくさん。どうぞご利用ください。